U0449089

四分律

中国佛学经典宝藏

84

温金玉 释译

星云大师总监修

人民东方出版传媒
东方出版社

《中国佛学经典宝藏》
大陆简体字版编审委员会

主任委员：赖永海

委　　员：（以姓氏笔画为序）

　　　　　　王月清　王邦维　王志远　王雷泉

　　　　　　业露华　许剑秋　吴根友　陈永革

　　　　　　徐小跃　龚　隽　彭明哲　葛兆光

　　　　　　董　群　程恭让　鲁彼德　温金玉

　　　　　　潘少平　潘桂明　魏道儒

总序

自读首楞严,从此不尝人间糟糠味;

认识华严经,方知已是佛法富贵人。

诚然,佛教三藏十二部经有如暗夜之灯炬、苦海之宝筏,为人生带来光明与幸福,古德这首诗偈可说一语道尽行者阅藏慕道、顶戴感恩的心情!可惜佛教经典因为卷帙浩瀚、古文艰涩,常使忙碌的现代人有义理远隔、望而生畏之憾,因此多少年来,我一直想编纂一套白话佛典,以使法雨均沾,普利十方。

一九九一年,这个心愿总算有了眉目。是年,佛光山在中国大陆广州市召开"白话佛经编纂会议",将该套丛书定名为《中国佛教经典宝藏》[①]。后来几经集思广

[①] 编者注:《中国佛教经典宝藏》丛书,大陆出版时改为《中国佛学经典宝藏》丛书。

益，大家决定其所呈现的风格应该具备下列四项要点：

一、启发思想：全套《中国佛教经典宝藏》共计百余册，依大乘、小乘、禅、净、密等性质编号排序，所选经典均具三点特色：

1. 历史意义的深远性
2. 中国文化的影响性
3. 人间佛教的理念性

二、通顺易懂：每册书均设有原典、注释、译文等单元，其中文句铺排力求流畅通顺，遣词用字力求深入浅出，期使读者能一目了然，契入妙谛。

三、文简意赅：以专章解析每部经的全貌，并且搜罗重要的章句，介绍该经的精神所在，俾使读者对每部经义都能透彻了解，并且免于以偏概全之谬误。

四、雅俗共赏：《中国佛教经典宝藏》虽是白话佛典，但亦兼具通俗文艺与学术价值，以达到雅俗共赏、三根普被的效果，所以每册书均以题解、源流、解说等章节，阐述经文的时代背景、影响价值及在佛教历史和思想演变上的地位角色。

兹值佛光山开山三十周年，诸方贤圣齐来庆祝，历经五载、集二百余人心血结晶的百余册《中国佛教经典宝藏》也于此时隆重推出，可谓意义非凡，论其成就，则有四点可与大家共同分享：

一、佛教史上的开创之举：民国以来的白话佛经翻译虽然很多，但都是法师或居士个人的开示讲稿或零星的研究心得，由于缺乏整体性的计划，读者也不易窥探佛法之堂奥。有鉴于此，《中国佛教经典宝藏》丛书突破窠臼，将古来经律论中之重要著作，做有系统的整理，为佛典翻译史写下新页！

二、杰出学者的集体创作：《中国佛教经典宝藏》丛书结合中国大陆北京、南京各地名校的百位教授、学者通力撰稿，其中博士学位者占百分之八十，其他均拥有硕士学位，在当今出版界各种读物中难得一见。

三、两岸佛学的交流互动：《中国佛教经典宝藏》撰述大部分由大陆饱学能文之教授负责，并搜录台湾教界大德和居士们的论著，借此衔接两岸佛学，使有互动的因缘。编审部分则由台湾和大陆学有专精之学者从事，不仅对中国大陆研究佛学风气具有带动启发之作用，对于台海两岸佛学交流更是帮助良多。

四、白话佛典的精华集萃：《中国佛教经典宝藏》将佛典里具有思想性、启发性、教育性、人间性的章节做重点式的集萃整理，有别于坊间一般"照本翻译"的白话佛典，使读者能充分享受"深入经藏，智慧如海"的法喜。

今《中国佛教经典宝藏》付梓在即，吾欣然为之作序，并借此感谢慈惠、依空等人百忙之中，指导编修；吉广舆等人奔走两岸，穿针引线；以及王志远、赖永海等大陆教授的辛勤撰述；刘国香、陈慧剑等台湾学者的周详审核；满济、永应等"宝藏小组"人员的汇编印行。他们的同心协力，使得这项伟大的事业得以不负众望，功竟圆成！

《中国佛教经典宝藏》虽说是大家精心擘划、全力以赴的巨作，但经义深邈，实难尽备；法海浩瀚，亦恐有遗珠之憾；加以时代之动乱，文化之激荡，学者教授于契合佛心，或有差距之处。凡此失漏必然甚多，星云谨以愚诚，祈求诸方大德不吝指正，是所至祷。

一九九六年五月十六日于佛光山

原版序
敲门处处有人应

　　《中国佛教经典宝藏》是佛光山继《佛光大藏经》之后，推展人间佛教的百册丛书，以将传统《大藏经》精华化、白话化、现代化为宗旨，力求佛经宝藏再现今世，以通俗亲切的面貌，温渥现代人的心灵。

　　佛光山开山三十年以来，家师星云上人致力推展人间佛教，不遗余力，各种文化、教育事业蓬勃创办，全世界弘法度化之道场应机兴建，蔚为中国现代佛教之新气象。这一套白话精华大藏经，亦是大师弘教传法的深心悲愿之一。从开始构想、擘划到广州会议落实，无不出自大师高瞻远瞩之眼光，从逐年组稿到编辑出版，幸赖大师无限关注支持，乃有这一套现代白话之大藏经问世。

　　这是一套多层次、多角度、全方位反映传统佛教文化的丛书，取其精华，舍其艰涩，希望既能将《大藏经》

深睿的奥义妙法再现今世，也能为现代人提供学佛求法的方便舟筏。我们祈望《中国佛教经典宝藏》具有四种功用：

一、是传统佛典的精华书

中国佛教典籍汗牛充栋，一套《大藏经》就有九千余卷，穷年皓首都研读不完，无从赈济现代人的枯槁心灵。《宝藏》希望是一滴浓缩的法水，既不失《大藏经》的法味，又能有稍浸即润的方便，所以选择了取精用弘的摘引方式，以舍弃庞杂的枝节。由于执笔学者各有不同的取舍角度，其间难免有所缺失，谨请十方仁者鉴谅。

二、是深入浅出的工具书

现代人离古愈远，愈缺乏解读古籍的能力，往往视《大藏经》为艰涩难懂之天书，明知其中有汪洋浩瀚之生命智慧，亦只能望洋兴叹，欲渡无舟。《宝藏》希望是一艘现代化的舟筏，以通俗浅显的白话文字，提供读者遨游佛法义海的工具。应邀执笔的学者虽然多具佛学素养，但大陆对白话写作之领会角度不同，表达方式与台湾有相当差距，造成编写过程中对深厚佛学素养与流畅白话语言不易兼顾的困扰，两全为难。

三、是学佛入门的指引书

佛教经典有八万四千法门，门门可以深入，门门是无限宽广的证悟途径，可惜缺乏大众化的入门导览，不易寻觅捷径。《宝藏》希望是一支指引方向的路标，协助十方大众深入经藏，从先贤的智慧中汲取养分，成就无上的人生福泽。

四、是解深入密的参考书

佛陀遗教不仅是亚洲人民的精神归依，也是世界众生的心灵宝藏。可惜经文古奥，缺乏现代化传播，一旦庞大经藏沦为学术研究之训诂工具，佛教如何能扎根于民间？如何普济僧俗两众？我们希望《宝藏》是百粒芥子，稍稍显现一些须弥山的法相，使读者由浅入深，略窥三昧法要。各书对经藏之解读诠释角度或有不足，我们开拓白话经藏的心意却是虔诚的，若能引领读者进一步深研三藏教理，则是我们的衷心微愿。

大陆版序一

《中国佛教经典宝藏》是一套对主要佛教经典进行精选、注译、经义阐释、源流梳理、学术价值分析,并把它们翻译成现代白话文的大型佛学丛书,成书于二十世纪九十年代,由台湾佛光文化事业有限公司出版,星云大师担任总监修,由大陆的杜继文、方立天以及台湾的星云大师、圣严法师等两岸百余位知名学者、法师共同编撰完成。十几年来,这套丛书在两岸的学术界和佛教界产生了巨大的影响,对研究、弘扬作为中国传统文化重要组成部分的佛教文化,推动两岸的文化学术交流发挥了十分重要的作用。

《中国佛学经典宝藏》则是《中国佛教经典宝藏》的简体字修订版。之所以要出版这套丛书,主要基于以下的考虑:

首先,佛教有三藏十二部经、八万四千法门,典籍浩瀚，博大精深，即便是专业研究者，穷其一生之精力，恐也难阅尽所有经典，因此之故，有"精选"之举。

其次，佛教源于印度，汉传佛教的经论多译自梵语；加之，代有译人，版本众多，或随音，或意译，同一经文，往往表述各异。究竟哪一种版本更契合读者根机？哪一个注疏对读者理解经论大意更有助益？编撰者除了标明所依据版本外，对各部经论之版本和注疏源流也进行了系统的梳理。

再次，佛典名相繁复，义理艰深，即便识得其文其字，文字背后的义理，诚非一望便知。为此，注译者特地对诸多冷僻文字和艰涩名相，进行了力所能及的注解和阐析，并把所选经文全部翻译成现代汉语。希望这些注译，能成为修习者得月之手指、渡河之舟楫。

最后，研习经论，旨在借教悟宗、识义得意。为了将其思想义理和现当代价值揭示出来，编撰者对各部经论的篇章品目、思想脉络、义理蕴涵、学术价值等所做的发掘和剖析，真可谓殚精竭虑、苦心孤诣！当然，佛理幽深，欲入其堂奥、得其真义，诚非易事！我们不敢奢求对于各部经论的解读都能鞭辟入里，字字珠玑，但希望能对读者的理解经义有所启迪！

习近平主席最近指出："佛教产生于古代印度，但传入中国后，经过长期演化，佛教同中国儒家文化和道家文化融合发展，最终形成了具有中国特色的佛教文化，给中国人的宗教信仰、哲学观念、文学艺术、礼仪习俗等留下了深刻影响。"如何去研究、传承和弘扬优秀佛教文化，是摆在我们面前的一个重要课题，人民东方出版传媒有限公司拟对繁体字版的《中国佛教经典宝藏》进行修订，并出版简体字版的《中国佛学经典宝藏》，随喜赞叹，寥寄数语，以叙因缘，是为序。

二〇一六年春于南京大学

大陆版序二

依空

身材高大、肤色白皙、擅长军事的亚利安人，在公元前四千五百多年从中亚攻入西北印度，把当地土著征服之后，为了彻底统治这里的人民，建立了牢不可破的种姓制度，创造了无数的神祇，主要有创造神梵天、破坏神湿婆、保护神毗婆奴。人们的祸福由梵天决定，为了取悦梵天大神，需要透过婆罗门来沟通，因为他们是从梵天的口舌之中生出，懂得梵天的语言——繁复深奥的梵文，婆罗门阶级是宗教祭祀师，负责教育，更掌控了神与人之间往来的话语权。四种姓中最重要的是刹帝利，举凡国家的政治、经济、军事、文化等等都由他们实际操作，属贵族阶级，由梵天的胸部生出。吠舍则是士农工商的平民百姓，由梵天的膝盖以上生出。首陀罗则是被踩在梵天脚下的土著。前三者可以轮回，纵然几世轮转都无法脱离原来种姓，称为再生族；首陀罗则连轮回的因缘都没有，为不生族，生生世世为首陀罗，子孙也倒霉跟着宿命，无法改变身份。相对于此，贱民比首陀罗更为卑微、低贱，连四种姓都无法跻身其中，只能从事挑粪、焚化尸体等最卑贱、龌龊的工作。

　　出身于高贵种姓释迦族的悉达多太子，为了打破种姓制度的桎梏，舍弃既有的优越族姓，主张一切众生皆平等，成正等觉，创立了佛教僧团。为了贯彻佛教的平等思想，佛陀不仅先度首陀罗身份的优婆离出家，后度释迦族的七王子，先入山门为师兄，树立僧团伦理制度。佛陀更严禁弟子们用贵族的语言——梵文宣讲佛法，而以人民容易理解的地方口语来演说法义，这就是巴利文经典的滥觞。佛陀认为真理不应该是属于少数贵族、知识分子的专利或装饰，而应该更贴近普罗大众，属于平民百姓共有共知。原来佛陀早就在推动佛法的普遍化、大众化、白话化的伟大工作。

　　佛教从西汉哀帝末年传入中国，历经东汉、魏晋南北朝、隋唐的漫长艰巨的译经过程，加上历代各宗派祖师的著作，积累了庞博浩瀚的汉传佛教典籍。这些经论义理深奥隐晦，加以书写的语言文字为千年以前的古汉文，增加现代人阅读的困难，只能望着汗牛充栋的三藏十二部扼腕慨叹，裹足不前。

　　如何让大众轻松深入佛法大海，直探佛陀本怀？佛光山开山宗长星云大师乃发起编纂《中国佛教经典宝藏》。一九九一年，先在大陆广州召开"白话佛经编纂会议"，订定一百本的经论种类、编写体例、字数等事项，礼聘中国社科院的王志远教授、南京大学的赖永海教授分别为中国大陆北方与南方的总联络人，邀请大陆各大学的佛教学者撰文，后来增加台湾部分的三十二本，是为一百三十二册的《中国佛教经典宝藏精选白话版》，于一九九七年，作为佛光山开山三十周年的献礼，隆重出版。

六七年间我个人参与最初的筹划，多次奔波往来于大陆与台湾，小心谨慎带回作者原稿，印刷出版、营销推广。看到它成为佛教徒家中的传家宝藏，有心了解佛学的莘莘学子的入门指南书，为星云大师监修此部宝藏的愿心深感赞叹，既上契佛陀"佛法不舍一众"的慈悲本怀，更下启人间佛教"普世益人"的平等精神。尤其可喜者，欣闻现大陆出版方东方出版社潘少平总裁、彭明哲副总编亲自担纲筹划，组织资深编辑精校精勘；更有旅美企业家鲁彼德先生事业有成之际，秉"十方来，十方去，共成十方事"之襟怀，促成简体字版《中国佛学经典宝藏》的刊行。今付梓在即，是为序，以表随喜祝贺之忱！

二〇一六年元月

目 录

题 解 001
经 典 025
  1 初分 027
    发起序 027
    四波罗夷法之一——非梵行 036
    四波罗夷法之一——不与取 044
    四波罗夷法之二——杀断人命 053
    四波罗夷法之二——上人法 063
    十三僧残法之一——故出精戒 072
    十三僧残法之二——摩触女人戒 077
    十三僧残法之三——与女人粗语戒 080
    十三僧残法之四——向女人叹身索供戒 083
    十三僧残法之五——媒人戒 087
    十三僧残法之六——过量房戒 090
    十三僧残法之七——有主僧不处分房戒 093

十三僧残法之八——无根重罪谤他戒　098

十三僧残法之九——假根谤戒　108

十三僧残法之十——破僧违谏戒　111

十三僧残法之十一——助破僧违谏戒　120

十三僧残法之十二——污家摈谤违僧谏戒　123

十三僧残法之十三——恶性拒僧违谏戒　130

二不定法之一　133

二不定法之二　137

九十单提法之六十　141

2 第二分　144

八波罗夷法之五——摩触罪　144

八波罗夷法之六——八事成重罪　148

八波罗夷法之七——覆藏罪　151

八波罗夷法之八——随举罪　155

受戒犍度之四　159

受戒犍度之五　165

说戒犍度　173

安居犍度　181

自恣犍度　186

3 第三分 196

  衣犍度之二 196

  比丘尼犍度第十七 200

4 第四分 231

  杂犍度之三 231

  毗尼增一之一 237

源　流 247

解　说 283

题解

汉译律典中，若论历来持诵者最多、影响最为昭著者，当首推《四分律》。尤其自中国律宗不祧之祖的唐代道宣律师大开南山宗以来，《四分律》弘传独盛，不仅成为律宗所依据的根本典籍，也是中国所译各种律本中流传最广、影响最大的佛教戒律。在中国，所谓律宗，实在就是指四分律宗。

《四分律》，又称《昙无德律》《四分律藏》，原为印度优波崛多系的昙无德部所传的戒律。据记载，释迦牟尼佛入灭以后，由"持律第一"的优波离尊者，结集律法，分八十次诵出根本律制，再传迦叶、阿难、商那和修、末田地、优波崛多等五大尊者。优波崛多门下，又有五位大弟子，在八十诵律中，依各自性情所近的律法，采集起来，各成立一部，共为五部，这就是所谓五部律的原始。

五部为：昙无德部（即《四分律》）、萨婆多部（即《十诵律》）、大众部（即《僧祇律》）、弥沙塞部（即《五分律》）、迦叶遗部（即《解脱律》）。昙无德（意译为法正或法藏）是优波崛多五大弟子之一，他在律藏中，将合于己意的律法，采集成文，随说所止，而为一分；四度完毕，分作四策，所以称他采集的律法为《四分律》。可见，《四分律》是因全部由四分构成而得名的。

全书初分为比丘戒；第二分为比丘尼戒和二十犍度中的前三个半犍度（《高丽藏》本依旧写本如此，南宋、元、明藏本改作前二犍度）；第三分为中间十四个半犍度（《高丽藏》本如此，南宋、元、明藏本改作十六个犍度）；第四分为最后二犍度等。这种四分之别，并不是依据义理而判立段章之名，而是依据当时四次的采集，分为四策，初分策为二十卷，二分策十五卷，三分策十四卷，四分策十一卷，共为六十卷。

道宣《四分律含注戒本疏》卷一上说："佛灭百年，兴斯名教，相传上座搜括博要、契同己见者，集为一部，四度传文，尽所诠相，故云四分，此据说所至，非义判也。"

宋元照《四分律行事钞资持记》卷上一亦说："以

法正（昙无德）尊者，于根本部中，随己所乐，采集成文，随说止处，即为一分。凡经四番，一部方就，故号四分，非同章疏，约义判文。"

这样的分段，道宣等都以为因结集时分四次诵出，但后来义净说是因梵本分为四策故称四分。定宾《四分律疏饰宗义记》从义净说，元照《四分律行事钞资持记》则以道宣之说。

此外，本书历来所流传的卷数，除六十卷本外，另有四十卷、四十四卷、四十五卷、七十卷等数种。现行本则为六十卷。

四分律的翻译

《四分律》的译出，据《梁高僧传》卷二、《出三藏记集》卷十四载，为东晋时佛陀耶舍所译。

佛陀耶舍，又称佛驮耶舍，意译为觉明、觉名、觉称。北印度罽宾国人。十三岁出家，至十五岁日诵经二三万言，十九岁时，诵大小乘经数百万言。禀性孤傲，所以不为当时诸僧所重。但佛陀耶舍风度儒雅，善于玄谈，身边也常有一些追随者。《梁高僧传》卷二说他："年及进戒，莫为临坛，所以向立之岁，犹为沙弥。乃从其舅学五明诸论，世间法术，多所练习。"

二十七岁始受具足戒。他常以读诵为务，专精不怠，博通大小乘。

后至沙勒国为国王延请。当时，太子达磨弗多见佛陀耶舍容服端雅，酬对清辨，十分欢喜，即请宫内供养。鸠摩罗什游学至此，曾师事耶舍，甚相尊敬。后来，罗什随母返回龟兹，耶舍仍留止这里。后罗什入长安，曾劝请姚兴迎请耶舍，未果。其后姚兴命罗什译出藏经，罗什说："夫弘宣法教，宜令文义圆通。贫道虽诵其文，未善其理，唯佛陀耶舍，深达幽致，今在姑藏，愿诏征之。一言三详，然后着笔。使微言不坠，取信千载也。"（《梁高僧传》卷二）这样，佛陀耶舍便于姚秦弘始十年（公元四〇八年），被秦主姚兴迎至长安，协助罗什译出《十住经》。后返罽宾，得《虚空藏经》一卷，托商贾致之凉州诸僧，其后不知所终。他所出者共有四部，八十四卷。

佛陀耶舍为赤髭，又善解毗婆沙，故时人称其为"赤髭毗婆沙"，又因曾为罗什之师，故被人尊称为"大毗婆沙"。佛陀耶舍初到长安时，因能诵《昙无德律》，司隶校尉姚爽就请他翻译。姚兴怀疑他只凭记忆会有差错，但经过测试，佛陀耶舍能在二三天内记忆药方、户籍四十余纸，几万言诵出一字不错，众人都钦服其记忆力。佛陀耶舍遂于弘始十年译出《四分律》。当时，凉州沙门竺佛念任传译，道含任笔受。

《法经录》谓《四分律》题为佛陀耶舍共竺佛念译，这可能是因《高僧传》总说佛陀耶舍曾与竺佛念共译《长阿含经》等，就认为译《四分律》也是二人共译了。现今通行本即依《法经录》之说，题为佛陀耶舍与竺佛念共译。

竺佛念其实也是一代名僧，他幼小出家，志业坚精，于诵习众经外，并兼习外典。苻坚建元年间（公元三六五—三八四年），有僧伽跋澄与昙摩难提等来到长安，受赵政之请，翻译《增一阿含经》《中阿含经》等诸经，其时，竺佛念为众僧推举担任传语之职，质断疑义，音字方正。在姚秦弘始年间（公元三九九—四一六年）又译出《菩萨璎珞经》《十住断结经》《出曜经》《菩萨处胎经》《中阴经》等五部，被誉为苻、姚时期无出其右的译经宗师。

关于《四分律》的译者，还有其他说法，如《宋高僧传·昙一传》说此律为佛陀耶舍共鸠摩罗什译，未详所据。

此外另据《四分律序》说：支法领曾在于阗遇到佛陀耶舍，知道他通《四分律》等，就在那里写出梵本，于弘始十年偕回中国，姚兴即于是年请佛陀耶舍译出此书。当时有持律沙门三百余人于长安中寺参加，而以支法领的弟子慧辩任校订之事。这样,《四分律》又有校改的一本,唐定宾作《饰宗记》时,还是已校改本和未校改本并行的。

《四分律》的内容及结构

《四分律》主要说明僧尼五众别解脱戒的内容和受持的方法。但关于本书的主旨,古来众律师异解纷纭,说法不一。依唐怀素撰《四分律开宗记》卷一及日僧凝然述《律宗纲要》卷上载,略有十家之多:一、有说此律以止(二部戒)作(犍度等)为宗;二、道晖说以受(受戒时总发戒体)随(受戒后随事别修)为宗;三、有说以止恶为宗;四、法愿、智首说以教行(专精不犯,犯已能悔)为宗;五、有说以因(戒本及犍度所明止作)果(大小持戒犍度)为宗;六、道云以为戒在多处,别说不可论宗旨;七、法砺说以止善为宗;八、道宣说以净戒为宗;九、怀素说以戒行为宗;十、定宾说以善说毗奈耶为宗。

本律内容,依法砺《四分律疏》卷二称,可分为序、正宗、流通三分。

序分包括劝信序和发起序。初五言颂为劝信序,次长行"如来自知时"以上叙述舍利弗请佛结戒因缘为发起序。

正宗分包括二部戒及二十犍度。

二部戒中，首先是比丘戒（卷一至二十一），比丘共有二百五十戒，按"罪"的轻重，可分为八类：

一、四波罗夷法：称为四重戒或四根本戒。比丘戒法中，此过最重，为其余戒法所依，故名根本戒。波罗夷，被译为"断头"或"被他所胜"。比丘若犯此罪，戒体即失，失掉了比丘的资格，不得与僧共住，要被教团逐出。这是相当于世间法律的死刑，所以说犯波罗夷者如人"断头"。又因做比丘者，本应降伏烦恼魔军，今反而被烦恼魔军所胜，失其所尊，故称为"被他所胜"。

此罪共有淫欲、盗窃、杀人和妄语四类。淫欲，又称不净行，出家人要绝对禁止淫欲的秽行，不但不能同人类（包括同性和异性）行淫，就是同动物行淫，亦是犯波罗夷罪的。盗戒，又称不与取，若偷五分钱以上，就成立波罗夷罪。这个五分钱是印度当时的货币，而非现在的五分钱。以偷五分钱以上为波罗夷罪，是摩揭陀国当时的法律将五分钱以上的盗窃定为死罪的缘故。杀戒，又称断人命，不仅包括自己亲手杀人，就是唆使他人杀人或劝说别人自杀，皆犯波罗夷罪。妄语戒，又称妄说自得上人法。这并不是指普遍所说的"妄言虚语"，这里说的"妄语"，是指自己的佛道修行尚未获得超越世人的殊胜功德和神通力，却对信者说，我已获得殊胜功德和神通力，从而受大众的供养布施。

这四条是佛教戒律中最重要的戒条。其实在各大宗教中，这四条均被列入禁戒之中，不过佛教的出家戒，是禁一切淫行，以代禁邪淫，又把妄语戒特别限定于"得圣道"的妄语，这两点是应该特别注意的。佛陀对出家人说绝对的禁欲，是因为佛教的根本思想是以脱离"贪爱""系缚"为目的的。爱欲是人间最大的系缚，所以要禁欲。

从另一方面说，出家人乃是宗教的精神所在，是以修道、护持和宣讲"佛法"为其终生使命的，而在实行这一使命中，爱欲生活和家庭生活是最大的障碍，所以应提倡禁欲的生活。加上当时印度思想认为出家人（沙门）应该禁欲，所以佛教也采取了这一立场。在早期佛教中，性欲问题是形成佛教戒律的中心。

二、十三僧残法：指僧团中的残伤者，这是仅次于波罗夷的重罪。比丘犯十三僧残中的任何一戒，若能接受僧团的救护，便不会失去比丘的资格，尚留存有宗教上的生命，但有关服罪与免罪等事项，应由僧团议决。属于此类的罪名，有以下十三条：（一）故意出精；（二）触妇人身；（三）对妇人说淫秽猥狎之语；

（四）向妇人索"供养淫欲法"；（五）做嫁娶之媒人；（六）自做超规定的大草房；（七）有施主时，造规定以上的大精舍；（八）以无事实的波罗夷罪，而诽谤别的比丘；（九）取别的事实附会于波罗夷罪，以诽谤别的比丘；（十）欲破僧团的和合，受别的比丘的谏告也不中止；（十一）随顺破坏和合僧团的比丘，而不服从教团的谏告；（十二）行恶行污他家，损害清净的信仰，而不服从教团的谏告；（十三）对自己所犯之罪，不但不听其他比丘的谏告，反骂詈其他比丘，不服从教团的谏告。

三、二不定法：不定罪就是须视证人的证词如何而定罪的意思。此罪只限于比丘，比丘尼则没有。内容有二条：（一）于隐蔽之处，与妇人单独对坐；（二）于不隐蔽处，与妇人单独二人对坐。以上二项，被有信用的信徒目击时，由其信徒所告，而决定所犯为波罗夷或僧残或单堕等罪，要看具体情形而判决。

四、三十舍堕法：此罪共有三十条，是有关衣、食、金钱、药品的戒条。以保持少欲知足为根本精神。如个人所持有的衣钵等物超过规定数目，或携带不应带的物品时，其物品及超出之衣钵要被僧团没收。反之，如携带的衣钵不满法定的数量，也要受到呵责。犯此戒法的比丘，要在四人以上的僧前交出其超过的物品来进行忏悔。舍堕的"舍"是舍物品的意思，"堕"是堕地狱的意思。

五、九十单堕法：单堕与前面的舍堕同为波逸提罪。舍堕是有关财物之罪，而单堕是有关妄语、两舌、杀畜生或饮酒等罪，内容为九十条。犯此罪的比丘，必须于三人以上的僧前忏悔。

六、四悔过法：这是应向他人告白或忏悔之罪，内容由有关"食事"的四条律而成。犯此戒条，则必须向人悔过。此罪较单堕罪轻，故于一人前忏悔，即可得清净。

七、百众学法：这是有关生活的细则。例如：服饰、饮食、姿势、行仪、进退、大小便等注意事项，均属此范围，也就是日常生活中应注意的种种"威仪作法"。内容有一百条，故云"百众学"。违此行为者，成立"突吉罗"罪。故意犯此罪时，应对上座比丘忏悔（对首忏）；若非故意触犯此罪时，则于自己心中忏悔（责心悔）即可。

八、七灭诤法：此并非"罪名"，而是规定僧团中所起纷争的"镇灭法"，内容有七种方法，故云"七灭诤"。主要是为了解决僧团内部纠纷冲突的规定。

以上是关于比丘戒的内容，共有二百五十戒。《四分律》中，在每一条戒下又各各说明制戒缘起（为何事结戒）、缘起之人（因谁结戒）、立戒（佛结戒的经过和所结戒的条文）、分别所立戒（条文的解释）、判决是非（是犯非犯和所犯轻重的判断）。每结一戒必说十句义，也称制戒十益，即："一、摄取于僧，二、令僧欢喜，三、令僧安乐，四、令未信者信，五、已信者令增长，六、难调者令调顺，七、惭愧者得安乐，八、断现在有漏，九、断未来有漏，十、正法得久住。"

制戒十句义，是佛制戒的根本意趣，也是出家受戒、持戒必有的利益。由于遵行戒法的缘故，可以断除自己现在和未来的烦恼，可以保障有惭有愧的人安住身心，精进修道，可以制罚或灭摈难调伏的人。僧团因此而清净和合，自然可以使不信仰佛法者起信，已经信仰佛法者令其信心更加增长坚固。僧团的清净，信众的增多，佛陀的教法便可以周流普遍，而达成令正法久住的目的。

由此看来，戒律的重要，关系着个人的修持、僧团的和合、世人的教化和正法的兴衰。

在二部戒中，其次是比丘尼戒（卷二十二至三十），共有三百四十八戒，可分为七类：

一、八波罗夷法：除前四戒同比丘戒外，增加有摩触戒、八事成重戒、覆他重罪戒、随举三谏不舍戒。

二、十七僧残法：其中七法同僧戒，其余十戒别为尼制。

三、三十舍堕法：数同比丘，戒相不同。

四、一百七十八单堕法：僧有九十种，其中尼戒同比丘戒者七十，僧异尼戒者二十，尼异僧戒者一百零八。

五、八悔过法：僧有四法，尼有八法，皆为别制别学。尼八法系就无病乞酥食，乞油、蜜、黑石蜜、乳、酪、鱼、肉食之八事而制。

六、百众学法：尼部亦有百法，与僧部相同。

七、七灭诤法：僧尼同制。

比丘八类，比丘尼无"不定法"，故成七类。与比丘同戒者，其制戒缘起等已见于比丘戒中，故在文中仅有结戒条文。其余与比丘不共的各条，每条下均有缘起等五段，行文如同比丘戒。

再次是二十犍度。犍度，意指篇章，分类编辑，即把同一类戒法聚集一处。《四分律》将此仪式做法及日常规定条文分为二十类：

一、受戒犍度（卷三十一至三十五）：又作大犍度、受具足戒法。指有关度人出家受戒，立受戒法的经过和所立的受戒法，如规定和尚法、弟子法、阿阇梨法等。

二、说戒犍度（卷三十五至三十六）：又作布萨犍度。内容规定布萨说戒日时间的算定、说戒堂的施设、说戒的类别、能诵者的资格、于说戒日的犯罪与说戒，乃至于规定在戒场中客比丘与旧比丘的关系等。

三、安居犍度（卷三十七）：说安居缘起和安居法。内容是有关安居的诸种制戒，如参加者的资格、房舍卧具等的分配、前安居与后安居的区别、安居场所、中途外出等规定。

四、自恣犍度（卷三十七至三十八）：内容规定自恣的缘起、自恣的做法、非法的自恣、自恣的时间及场所，以及旧比丘与新比丘的主从关系等。

五、皮革犍度（卷三十八至三十九）：说用皮革的缘起，内容是有关革履、卧具、床及其他皮革制的用具能否使用、能否蓄积的规定。主要针对僧人身着皮革之事，说明其如法或不如法。

六、衣犍度（卷三十九至四十一）：即关于僧众着衣之法。内容有粪扫衣、十种衣、冢间衣、愿衣、檀越施衣、三衣的受持，割截衣的制法，衣的分配，病比丘的衣法等。

七、药犍度（卷四十二至四十三）：又称医药法。内容指有关比丘的饮食、生病比丘的医药规定等。即规定比丘饮食的种类、生病比丘服用医药的种类及其处方，具体还有关于风邪、眼病、呕吐、热病、蛇毒、头痛等诸病的治疗药剂。

八、迦缔那衣犍度（卷四十三）：说安居后五个月间，僧众接受居士赠送迦缔那衣（功德衣）的规定。具体是关于迦缔那衣的制法、受法和舍法。

九、俱睒弥犍度（卷四十三）：又作拘睒弥犍度。关于俱睒弥比丘僧破复合的经过和羯磨法。指佛成道以后，第九次安居在俱睒弥国举行，一比丘因犯不犯之事起诤，于大众中诽谤、骂詈、恼乱不止，佛不喜此事，还舍卫国。其后为俱睒弥比丘说十八事止诤。

十、瞻波犍度（卷四十四）：说做法之不正，即说作羯磨如法、非法的区别。

十一、呵责犍度（卷四十四至四十五）：又作羯磨犍度。即说比丘的治罚法，内容共有七项，其中规定受呵责羯磨者的治罪法。例如三十五种不应做（三十五事），呵责犍度的如法与非法，及其解羯磨、摈羯磨、依止羯磨、遮不至白衣家羯磨、不见罪羯磨、不忏悔罪羯磨、不舍见羯磨等各种羯磨，以及各项不应做和解羯磨之法。

十二、人犍度（卷四十五）：又作僧残悔法，指犯僧伽婆尸沙（僧残罪）的治罪法，亦即行忏悔的方法。

十三、覆藏犍度（卷四十六）：说治犯罪而隐瞒者的方法。

十四、遮犍度（卷四十六）：又称遮布萨法，说比丘说戒时，不如法（犯罪）比丘不可同列僧数参加布萨的方法。

十五、破僧犍度（卷四十六）：又称调达事，即记破僧之事，乃记叙提婆达多立五事非法，与佛陀的法轮对立，破坏众僧的和合，并于伽耶山更立僧团之事。

十六、灭诤犍度（卷四十七至四十八）：又作诤事法，指镇制纷诤方法的七灭诤说。

十七、比丘尼犍度（卷四十八至四十九）：内容说比丘尼受持戒律的种种规定，即比丘尼须持守八敬法才准许出家受戒之法、比丘尼受具足戒的做法，以及比丘尼日常行法的规定等。

十八、法犍度（卷四十九）：又作威仪法，说客比丘与旧比丘共住法和乞食等杂行法。

十九、房舍犍度（卷五十至五十一）：又作卧具法，内容关于僧团房舍卧具的造作以及设备等方面的规定。

二十、杂犍度（卷五十一至五十三）：广说各种杂事的开遮。杂犍度后半部分有大小持戒犍度，为其余诸律所无。其内容从生信出家、沙弥十戒、防过十七事、守护根门等五种行，成化身等五胜法，最后得三种智明，为大小乘所共学。

最后为流通分，包含五百结集、七百结集、调部毗尼和毗尼增一。

五百结集（卷五十四），是说释迦牟尼佛涅槃后不久，僧众教团中就有不遵循佛法和戒律的事产生。于是以大弟子迦叶为首的五百比丘在王舍城的七叶窟结集，对释迦牟尼佛在世时的说教，各诵出所闻。这次结集，历时七个月，"多闻第一"的阿难尊者诵出诸经，"持律第一"的优婆离尊者诵出戒律。据说，"律"的基本结构，包括戒律的性质、条款、制律的缘起等，在这次结集后都已成型。

七百结集（卷五十四），说释迦牟尼佛涅槃一百年后，当时东方以毗舍离城为中心的跋耆族僧团，对于戒律的解释，提出了十事异说的见解，引起了西部波利族僧众的不满。当时有一名叫耶舍的比丘游化至毗舍离城，认为毗舍离僧团的比丘乞受金银，不合戒律，于是提出异议，但遭到毗舍离比丘的摈斥，于是耶舍邀请西部一些上座比丘到毗舍离集会，裁决毗舍离僧团的做法，最后判定包括比丘乞受金银在内的十事非法。这次集会，参加比丘有七百人，所以被称为"七百结集"。

但毗舍离僧众不服判决，另外召开了一个万人大会，以示反对。由此，佛教史上第一次产生公开分裂。因参加"七百结集"的均是上座比丘，所以被称为"上座部"，而参加万人集会的这一派因人数众多而被称为"大众部"。

调部毗尼（卷五十五至五十七），主要说优婆离问佛诸戒是犯、非犯的分别。

毗尼增一（卷五十七至六十），为律学的法数。

本律整体的结构，依律中毗尼增一分为五大段：一、序，指"如来自知时"以前；二、制，指比丘戒本；三、重制，指比丘尼戒本；四、修多罗，受戒犍度以下；五、随顺修多罗，调部毗尼以下。又依五百结集说，也可分为五段：一、比丘律，二、比丘尼律，三、犍度，四、调部毗尼，五、毗尼增一。

法砺、怀素、定宾等则开为三十七法，则比丘尼八法（波罗夷、僧残、不定、舍堕、单堕、悔过法、众学法、灭诤），比丘尼戒六法（其中少不定法和灭诤法，灭诤法智首以下都说应有，当是律文省略），二十犍度为二十法，二结集合为一法，调部及增一各为一法，共为三十七法。

此外，由于戒律具有止恶生善两重意义，所以后世律宗又将佛陀所制的一切诸戒归纳为"止持""作持"二门。止持门是指对于身口等的过非，制止而不作，就是守持戒法，如比丘、比丘尼二众制止身口不作诸恶的"别解脱戒"，则为止持戒。作持门是指对于社会人群乃至一切有情有益之事，能积极去做，就是守持了戒法，如戒律中安居、说戒、悔过等行持轨则为作持戒。

《四分律》中，前半部解释僧尼二众的别解脱戒：比丘戒中有四波罗夷、十三僧残、二不定、三十舍堕、九十单堕、四悔过法、百众学法、七灭诤；比丘尼戒中有八波罗夷、十七僧残、三十舍堕、百七十八单堕、八悔过法、百众学法、七灭诤，这些即为止持门。后半部解释受戒、说戒、安居、自恣、皮革、衣、药、迦绨那衣、俱睒弥、瞻波、呵责、人、覆藏、遮、破僧、灭诤、比丘尼、法、房舍、杂二十种犍度，这些都是作持门。止持、作持是对佛制戒法的根本概括，即使是被称为四分律南山宗的五大部，内容也不出此二类。

《四分律比丘含注戒本》旨在说明止持，《四分律删补随机羯磨疏》说明作持。《四分律删繁补阙行事钞》上、下二卷说明作持，中卷说明止持。《四分律拾毗尼义钞》多说明止持，《四分比丘尼钞》说明比丘尼止、作二持。

《四分律》弘通独盛的内在契机

《四分律》原属声闻乘，但在中国流传弘扬过程中，律师们即将此律会通大乘教义。早在北魏时，慧光律师即判此律为大乘，至唐代，道宣律师更明确地主张《四分律》通于大乘。在《行事钞》卷上之三说：

"四分宗义当大乘。"同书卷中四说:"四分律一宗是大乘。"更在《羯磨疏》中,从律文中搜寻出五种理由来证明其说:

其一为"沓婆回心",这在解释"僧残"的律文中,说到无根谤戒,沓婆比丘得了罗汉果之后,生起厌弃此身无常之心,欲修利他行,求牢固法。此可为回心向大的很好说明。

其二"施生成佛",在戒本回向文中有"施一切众生,皆共成佛道"两句,即是大乘的圆顿了义,和《华严经》《法华经》之义相通。

其三"相召佛子",在律序中一再说"如是诸佛子""佛子亦如是",佛子的称呼和大乘《梵网》戒中所称佛子意义相同。

其四"舍财用轻",《四分律》中解释"舍堕"戒中,舍堕求悔,先须舍财,如僧用不还,只犯突吉罗轻罪,和大乘戒以意业分判轻重相通。

其五"识了尘境",如《四分律》小妄戒,解释见闻觉知,说眼识能见、耳识能闻等,以识为了义,也和大乘义理相通。由此五义,即以《四分律》会通大乘。

《四分律》作为律典中最为详备的法典,义通大乘,被机最广。由于佛陀耶舍译出此律之后不久即返罽宾,承继无人,以致使《四分律》久不行世。又当时僧尼南方多依《十诵律》，北方颇盛行《僧祇律》，故《四分律》译出六十余年间，几乎无人研习，即使有之，也是只供旁涉而已。

律学初传中国之时，只有昙摩迦罗译出《僧祇戒本》，后又有安息国沙门昙谛，在洛阳白马寺译出《昙无德羯磨》，此即中国比丘羯磨受戒所禀之法。以后，律部次第译出，诸律杂弘，受戒习律趋于混乱，正如《续高僧传·智首传》云："自律部东阐，六百许年，传度归戒，多迷体相，五部混而未分，二见纷其交杂，海内受戒，并诵法正（昙无德）之文。至于行护，随相多委师资相袭，缓急任其去取，轻重互而裁断。"智首慨叹五律互相混杂，受戒轻重不一。

道宣在《续高僧传》中也对以前南方律师受（受戒）遵《四分》，随（行持）依《十诵》的状况表示遗憾，并说："穷其受戒之源宗归四分。"可见中国僧众自来受戒都是依着《四分律》的。就戒而言，所受的与所持的应当求得一致，所以后来《四分律》的通行乃是必然的趋势。

及至北魏孝文帝时，北台法聪律师本学《僧祇》，开通精研，因穷受体，既部依昙无德律，于是辍讲《僧祇》，而弘传《四分》，使受随相契，事归一揆，自是以后，弘传渐盛，疏释者众。其弟子道覆律师即撰《四分律疏》六卷，使《四分律》在北方逐渐流行。慧光律师博听律部，师承道覆研究《四分》，大力弘扬，奠定了《四分律》开宗立派的基础。慧光门下弟子众多，律匠辈出，殆至洪遵律师入关一呼，《四分》大唱，乃一跃而代《十诵律》大行天下。至唐代道宣律师承智首律师之统，专依《四分》以明受体而谈随行，使《四分律》弘通独盛，蔚成一宗。道宣《续高僧传》中云："今混一唐统，普行四分之宗。"从唐时推行《四分律》，并发展为律宗，直至现在，汉地佛教僧尼受戒持戒一直奉行《四分律》不改。

中国佛教典籍中属于昙无德部的律典多和《四分律》有关，现存别译或集录而成的，就有：佛陀耶舍译《四分律比丘戒本》一卷，怀素校订《比丘戒本》一卷、《比丘尼戒本》一卷，道宣《删定僧戒本》一卷，宋元照《重定比丘尼戒本》一卷，明弘赞辑《式叉摩那尼戒本》一卷，曹魏康僧铠译《杂羯磨》一卷，昙谛译《羯磨》一卷，刘宋求那跋摩译《比丘尼羯磨》一卷，道宣集《删补随机羯磨》二卷，怀素集《僧羯磨》三卷、《尼羯磨》三卷。

戒律精神本具止恶生善的双重意义，本书节选内容，即是本着诸恶莫作、众善奉行的原则，从六十卷《四分律》，洋洋七十余万言中，选出原典近三万字，在内容上，止持、作持二门均予兼顾，涉及比丘戒的四波罗夷、十三僧残、二不定法以及九十单堕中的一目，比丘尼戒八波罗夷中与比丘戒不同的另四波罗夷。犍度律中选有受戒犍度、说戒犍度、安居犍度、自恣犍度、衣犍度、比丘尼犍度、杂犍度的基本规则。此外还有毗尼增一中的一部分。对所选原文除加以分段、标点和注释外，还进行了必要的文字校勘。

本书原文以日本《大正藏》为底本，以金陵刻经处刻本及日本《卍正藏经》为参校本。

经典

1 初分

发起序

原典

时，尊者舍利弗[1]于闲静处作是念言：何者等正觉[2]修梵行[3]，佛法久住？何者等正觉修梵行，佛法不久住？尔时，舍利弗从静处起，整衣服至世尊[4]所，头面礼足，在一面坐。须臾退坐，白世尊言："向者我于静处坐，作是念：何者等正觉修梵行，佛法久住？何者等正觉修梵行，佛法不久住？愿为开示。"

佛告舍利弗："毗婆尸佛、式佛、拘留孙佛、迦叶佛，此诸佛修梵行，法得久住。随叶佛、拘那含牟尼佛[5]，法不久住。"

舍利弗白佛言："以何因缘，毗婆尸佛、式佛、拘留孙佛、迦叶佛修梵行，法得久住？以何因缘故，随叶佛、拘那含牟尼佛修梵行，法不得久住耶？"

佛告舍利弗："拘那含牟尼佛、随叶佛不广为诸弟子说法，契经、祇夜经、授记经、偈经、句经、因缘经、本生经、善道经、方等经、未曾有经、譬喻经、优波提舍经。不为人广说契经乃至优波提舍经。不结戒⑥，亦不说戒⑦，故诸弟子疲厌，是以法不久住。尔时，彼世尊知诸弟子疲厌心故，但作如是教：是事应念，是不应念；是应思唯，是不应思唯；是应断，是应具足住。

"舍利弗，乃往昔时，随叶佛依恐畏林中住，与大比丘⑧千人俱。舍利弗，若有人未离欲，入彼林中，身毛皆竖，故名恐畏林。

"又，舍利弗，拘那含牟尼佛、随叶佛、如来至真等正觉，观千比丘心中疲厌，为说法：是事应念，是不应念；是事应思唯，是事不应思唯；是应断，是应具足住。舍利弗当知，尔时彼佛及诸声闻⑨在世，佛法广流布。若彼佛及诸声闻灭度⑩后，世间人种种名、种种姓、种种家出家⑪，以是故疾灭佛法不久住。何以故？不以经法摄故。

"舍利弗，譬如种种花散置案上，风吹则散。何以故？以无线贯穿故。如是，舍利弗，彼佛及声闻众在世者，佛法流布。若彼佛及诸声闻众灭后，世间人种种名、种种姓、种种家出家者，令法疾灭不久住。何以故？不以经法摄取故。"

尔时，世尊告舍利弗："毗婆尸佛、式佛、拘留孙佛、迦叶佛为诸弟子广说经法，从契经乃至优波提舍经，亦结戒，亦说戒。弟子众心疲厌，时佛知彼心疲厌，作如是教：是应念，是不应念；是应思唯，是不应思唯；是应断，是应具足住。如是，舍利弗，彼诸佛及声闻众在世，佛法流布。若彼诸佛及声闻众灭度后，诸世间人种种名、种种姓、种种家出家，不令佛法疾灭。何以故？以经法善摄故。

"舍利弗，譬如种种花置于案上，以线贯，虽为风吹而不分散。何以故？以线善贯摄故。如是，舍利弗，彼佛及声闻众在世者，佛法广说如上。舍利弗，以此因缘，故毗婆尸佛乃至迦叶佛，佛法得久住；以此因缘，故拘那含牟尼佛、随叶佛，佛法不得久住。"

尔时，舍利弗从坐而起，偏露右臂⑫，右膝着地⑬，合掌⑭白佛言："世尊，今正是时。唯愿大圣，与诸比丘结戒说戒，使修梵行，法得久住。"

佛告舍利弗："且止！佛自知时。舍利弗，如来⑮未为诸比丘结戒。何以故？比丘中未有犯有漏法⑯。若有犯有漏法者，然后世尊为诸比丘结戒，断彼有漏法故。

"舍利弗，比丘乃至未得利养，故未生有漏法。若得利养，便生有漏法。若有漏法生，世尊乃为诸比丘结戒，欲使彼断有漏法故。舍利弗，比丘未生有漏法者，以未有名称为人所识，多闻多财业故。若比丘得名称乃至多财业，便生有漏法。若有漏法生，然后世尊当为结戒，欲使彼断有漏法故。舍利弗，汝且止，如来自知时。"

注释

①**舍利弗**：释迦牟尼佛十大弟子之一。亦称舍利弗多罗、舍利弗罗、奢利佛等，意译"鹙鹭子"，因母眼似鹙鹭鸟而得名。古印度摩揭陀国王舍城人，属婆罗门种姓。信奉佛教缘起法，与目犍连各率弟子二百五十人至竹林精舍皈依佛，侍佛右侧，为佛诸弟子中上首，以智慧敏捷、善说佛法，被称为"智慧第一"。

②**正觉**：意指真正的觉悟。又作正解、等觉、等正觉等，即无上等正觉、三藐三菩提的略称，谓证悟一切诸法之真正觉智。故成佛也称为"成正觉"。

③**梵行**：即净行，指道俗二众所修之清净行为。佛教以不淫，受持诸戒，称为梵行。

④ **世尊**：如来十号之一。即为世间所尊重者之意，亦指世界中最尊者。在印度，一般用为对尊贵者之敬称，并不限用于佛教；若于佛教，则特为释迦牟尼佛的尊称。

⑤ 毗婆尸佛、式佛、拘留孙佛、迦叶佛、随叶佛、拘那含牟尼佛，为释迦佛出世前所住世之佛。与释迦佛共称七佛，或过去七佛。

⑥ **结戒**：即制定戒法之意。

⑦ **说戒**：指为受戒者讲解戒律。另外，佛制于每半月布萨之日，上座比丘诵读戒本时，诸比丘中若有犯戒者，应于众僧前忏悔，也称为说戒。

⑧ **比丘**：又作苾刍、苾蒭、煏刍、备刍、比呼，意译为乞士、乞士男、除士、薰士、破烦恼等。乃出家五众之一。指出家后受过具足戒的男子。

⑨ **声闻**：意即弟子，指听闻佛之言教而证悟的出家弟子。原指佛在世时的弟子，后与缘觉、菩萨相对，而为三乘之一。指能遵照佛的说教修行，并唯以达到自身解脱为目的的出家者。以修习苦、集、灭、道四圣谛为主，最高果位是阿罗汉，最终达到"灰身灭智"的无余涅槃的境地。

⑩ **灭度**：即涅槃、圆寂、迁化之意。指命终证果，灭障度苦。

⑪ **出家**：指出离家庭生活，专心修道，到寺院做僧尼，与"在家"相对。原为古印度的一种遁世制度，后为佛教沿用。出家须剃落须发，弃去服饰，故出家又称落饰、剃发。在佛教七众弟子中，除优婆塞与优婆夷二众属在家众外，其余比丘、比丘尼、式叉摩那、沙弥、沙弥尼等五众皆为出家众，称为出家五众。

⑫ **偏露右臂**：披袈裟时偏露右肩，覆盖左肩。原为古印度表示尊敬的礼法，佛教沿用。僧众在拜见佛陀或问讯师僧时，以偏袒为敬礼的标志。

⑬ **右膝着地**：为印度敬礼法。即以右膝跪地，右趾尖触地，使右股在空，又竖左膝于上，使左足趾着于地。

⑭ **合掌**：又作合十。即合并两掌，集中心思，一心恭敬礼拜之意。原为印度自古所行礼法，佛教沿用。中国自古以拱手为恭，印度以合掌为敬。

⑮ **如来**：佛的十号之一。"如"亦名"如实"，即真如。指乘真如之道而来，垂化众生，是名如来。释迦牟尼佛即乘真理而来，由真如而现身，故尊称为如来。又如来也是诸佛的德号，如药师佛亦称药师如来，弥陀佛为弥陀如来。经律中单称如来而不加规定词者，一般指释迦如来。

⑯ **有漏法**：为"无漏"的对称。漏，是流失、漏

泄之意，为烦恼的异名。世人由于烦恼所产生的过失、苦果，使人在迷妄的世界中流转不停，难以脱离生死苦海，故称为有漏；若达到断灭烦恼的境界，则称为无漏。在四圣谛中，苦谛、集谛属于迷妄的果与因，为有漏法；灭谛、道谛则为觉悟的果与因，为无漏法。

译文

那时，尊者舍利弗在闲静处寻思：什么样的正等正觉修净行，佛法能久住？什么样的正等正觉修净行，佛法不久住？此时，舍利弗从静处起来，整理一下衣服，来到世尊的住处。向世尊恭敬作礼后，退坐一边，对世尊说："前时我在静处打坐，曾作这样的思量：什么样的正等正觉修净行，佛法能久住？什么样的正等正觉修净行，佛法不久住？愿世尊为我开示。"

佛告诉舍利弗："毗婆尸佛、式佛、拘留孙佛、迦叶佛诸佛修净行，佛法能久住。随叶佛、拘那含牟尼佛修净行，佛法不能久住。"

舍利弗问佛说："因何缘故，毗婆尸佛、式佛、拘留孙佛、迦叶佛修净行，佛法能久住？因何缘故，随叶佛、拘那含牟尼佛修净行，佛法不能久住？"

佛告诉舍利弗："拘那含牟尼佛、随叶佛不为众多的弟子们广说佛法，如契经、祇夜经、授记经、偈经、句经、因缘经、本生经、善道经、方等经、未曾有经、譬喻经、优波提舍经。不向众人广泛宣讲契经乃至优波提舍经。既不制定戒法，也不讲解戒律，这样使众多弟子产生疲厌之心，致使佛法不能久住于世。那时，诸世尊知道众多弟子已生疲厌之心，就制定这样的教法：这事可以记念，这事不可以记念；这些应该思唯，这些不应思唯；这些应断绝，这些应常住不断。

"舍利弗，在往昔时，随叶佛与一千多名大比丘住在恐畏林中。舍利弗，如果有人未能断绝世俗情欲，进入这个林子就会毛发皆竖，心生恐怖，所以称此林为恐畏林。

"再说，舍利弗，拘那含牟尼佛、随叶佛、如来正等正觉，看到这些比丘心生疲厌，就为说法：这事应记念，这事不应记念；这些可以思唯，这些不可以思唯；这些应断绝，这些应常住不断。舍利弗你应知道，此时这些佛及众多弟子在世，佛法能广为传布。但若这些佛及众多弟子灭度后，世间各种名、各种姓、各种家族的人出家，就会使佛法疾灭，不能久住世间。为什么呢？因为不以经法统摄教化僧团的缘故。

"舍利弗，这好比各色各样的花散放在桌案上，一有风吹就会散落。这是为什么呢？因为没有用线贯穿的缘故。这样,舍利弗,这些佛及其众多弟子在世,佛法能够流布。如果这些佛及其众多弟子灭后,世间各种名、各种姓、各种家族的出家者,就会使佛法疾灭,不能久住世间。这是为什么呢?就是因为不以经法统摄教化僧团的缘故。"

这时,世尊告诉舍利弗说:"毗婆尸佛、式佛、拘留孙佛、迦叶佛为众多弟子广说佛法,从契经乃至优波提舍经,既制定戒法,也讲解戒律。弟子们心生疲厌,此时诸佛知道后,即为说教:此应记念,此不应记念;此可以思唯,此不可以思唯;此应断绝,此应常住不断。这样,舍利弗,诸佛及众多弟子们在世,佛法能够流布。如果诸佛及众多弟子灭度后,世间各种名、各种姓、各种家族的出家者,也不会使佛法疾灭。为什么呢?因为善于以经法统摄教化僧众的缘故。

"舍利弗,这好比将种种花用线贯穿,放置桌案上,虽被风吹而不分散。为什么呢?就是因为用线贯穿的缘故。就是这样,舍利弗,诸佛及众多弟子在世,广泛宣讲佛法如上。舍利弗,因为这个缘故,毗婆尸佛乃至迦叶佛,能使佛法得以久住世间;也因为这个缘故,拘那含牟尼佛、随叶佛使佛法不能久住世间。"

这时,舍利弗从座上站起来,偏袒右肩,右膝着地,合掌恭敬地向佛行礼说:"世尊,如今正是最好的时机。唯愿世尊为众多比丘制戒说戒，使他们勤修净行，令佛法得以久住世间。"

佛告舍利弗："且慢！佛自知合适的时机。舍利弗，如来现在没有为众多比丘制定戒法。这是为什么呢？因为比丘中没有因世俗烦恼而犯过失的。如果有犯过失者，然后世尊才会为众多比丘制定戒法，断绝他们的世俗烦恼。

"舍利弗，比丘在未得利益供养之前，也就不会产生世俗烦恼。如果得享利益供养，便会生出种种世俗烦恼。若有世俗烦恼产生，世尊便会为众比丘制定戒法，以断除他们的世俗烦恼。舍利弗，比丘之所以未生烦恼业障，是因为他们尚未出名，还不被众多的人所知道，以及还未多闻佛法，未多拥有财产。如果比丘名闻遐迩乃至拥有众多的财产，便会生出世俗烦恼，有了世俗烦恼，然后世尊便会制定戒法，使他们断绝世俗烦恼业障。舍利弗，你且等一等，如来自然知道适宜的时机。"

四波罗夷法之一——非梵行

原典

尔时，世尊在毗舍离。时迦兰陀村须提那子，于彼村中饶财多宝，持信牢固，出家为道。时世谷贵，乞求难得。时须提那子作是思唯：今时世谷贵，诸比丘乞求难得，我今宁可将诸比丘诣迦兰陀村乞食①。诸比丘因我故大得利养，得修梵行，亦使我宗族快行布施②，作诸福德。作是念已，即将诸比丘诣迦兰陀村。

须提那母闻其子将诸比丘还归本村，即往迎。到彼子所，语其子言："可时舍道，还作白衣③。何以故？汝父已死，我今单独，恐家财物没入于官。但汝父财既多，况祖父已来财物无量，甚可爱惜。是以汝今应舍道就俗。"

即答母言："我不能舍道习此非法。今甚乐梵行，修无上道④。"

如是至三，其子亦答言，不能舍道还俗。其母便舍之而去，诣其妇所语言："汝月期时至，便来语我。"

妇自知时到，往语其姑："大家欲知我月期时至。"

母语其妇："汝取初嫁时严身衣服，尽着而来。"即如其教，便自庄严，与母共俱至其儿所。

"今正是时，便可舍道就俗。何以故？汝若不舍道者，我财物当没入于官。"

儿答母言："我不能舍道。"

母如是再三语子言："汝妇今日华水已出，便可安子，使汝种不断。"

子白母言："此事甚易，我能为之。"

时，迦兰陀子，佛未制戒前不见欲秽，便捉妇臂，将至园中屏处，三行不净。

尔时，诸比丘往至世尊所，头面礼足在一面坐。以此因缘，具白世尊。

世尊尔时以此因缘集诸比丘。世尊知而问，知而不问；时而问，时而不问；义合问，义不合不问。尔时，世尊知时义合，问须提那："汝实与故二行不净行耶？"

"如是，世尊。我犯不净行[5]。"

尔时，世尊以无数方便呵责言："汝所为非，非威仪[6]，非沙门法，非净行，非随顺行，所不应为。"

尔时，世尊无数方便呵责已，告诸比丘："须提那痴人，多种有漏处，最初犯戒。自今已去，与诸比丘结戒，集十句义[7]：一摄取于僧，二令僧欢喜，三令僧安乐，四令未信者信，五已信者令增长，六难调者令调顺，七惭愧者得安乐，八断现在有漏，九断未来有漏，十正法[8]得久住。欲说戒者，当如是说：若比丘犯不净行，行淫欲[9]法，是比丘波罗夷[10]不共住。"

注释

①**乞食**：是印度僧人为资养色身而乞食于人的一种行仪。又称团堕、分卫、托钵、行乞等，为十二头陀

行之一。比丘乞食，道侧而行，左手持钵，次第乞食，以维持生命、滋养气力为限。心不贪着，故得食时不喜，不得亦不忧。

②**布施**：指以慈悲心而施福德与他人；其本义是将衣食财物施与人，目的在于破除个人吝啬与贪心。以后引申开来，将向人宣说正法，令得功德利益，称为法施；令人于魔难灾厄前生大勇心，称为无畏施。财施与法施称为二种施；若加无畏施，则称三种施。

③**白衣**：原意为白色之衣，转称着白衣者，即指在家人。印度人一般以鲜白之衣为贵，故僧侣以外皆着用白衣，从而指在家人为白衣，佛典中亦多以"白衣"为在家人的代用语。沙门则称为缁衣、染衣。

④**无上道**：指如来所得之道，无有出其上者，故称无上道。具体称为菩提，又与正觉、无上正等觉同义。

⑤**不净行**：又作非梵行，即指淫事。行淫欲乃鄙陋之事，爱染污心，故称不净行。又与清净梵行相背，故又称非梵行。

⑥**威仪**：指起居动作皆有威严之仪则。习惯上称为行、住、坐、卧四威仪。出家僧众，戒律甚多，有"三千威仪，八万律仪"和"僧有三千威仪，六万细行；尼有八万威仪，十二万细行"等说法。

⑦ **十句义**：即制戒设律的根本精神，亦是制定戒律对僧众的十大意义。主要基于僧团成员的信心巩固、安住身心修道，以使佛法久住世间，利益众生。

⑧ **正法**：即佛陀所说的教法。又作白法、净法、妙法。凡契合佛教正理之法，皆称正法。佛陀入灭后，教法住世，依之修行，即可证果。

⑨ **淫欲**：与"爱欲""色欲"同义。世间一切种性，皆因淫欲而延续种族生命。律典中以淫欲虽不恼众生，然能系缚修行者之心，故佛陀制戒禁止。佛成道十二年中，弟子无过失，至第十三年，始有弟子犯淫罪，遂制淫戒。故此戒为佛教教团中最初制禁。于小乘戒，置淫戒于四波罗夷首位；大乘戒中列为第三位。

此戒依七众之别，结罪之相亦不相同。在家之优婆塞、优婆夷，仅禁邪淫，于五戒中称为邪淫戒。出家之五众，虽总称不淫戒，但沙弥、沙弥尼、式叉摩那三众，犯者不结波罗夷，而称灭摈恶作罪，剥其袈裟，摈出寺门。比丘与比丘尼二众，犯者结波罗夷罪，不得与他僧共住，不得一同说戒，一同羯磨。

⑩ **波罗夷**：为比丘、比丘尼所受持之具足戒之一。又作波罗阇已迦、波罗市迦，意译极恶、重禁、断头，乃戒律中根本大罪。又称为边罪。僧尼若犯此戒，失其比丘、比丘尼资格，自教团中放逐，不得与僧共住；死

后必堕地狱。此罪如同断首之刑，不可复生，永被弃于佛门之外，故称极恶。

比丘四波罗夷指杀、盗、淫、妄四罪；比丘尼除此四罪外，尚加摩触、八事成重、覆比丘尼重罪、随顺被举比丘违尼僧三谏戒等四种，总为八波罗夷。比丘戒之四波罗夷与比丘尼戒之八波罗夷罪，合称为四重八重。

译文

那时，世尊在毗舍离。迦兰陀村的须提那，在这个村中拥有众多财产，他对佛法持有坚定的信念，所以出家修道。当时，世上谷物昂贵，比丘们外出乞食难得。须提那想：如今世上粮食昂贵，众比丘不容易乞得食物，我何不让众比丘来迦兰陀村乞食。众比丘因我的支持而能得到利益供养，得以修持净行，我的宗族也因行布施，能积福善功德。这样想罢，便请众比丘到迦兰陀村去。

须提那的母亲得知儿子将众多比丘请到本村，便前往迎接。到其儿子住处后，便对其子说："现在你应该舍弃佛道，还俗归家。为什么呢？因为你父亲已死，我孤单一人，恐怕家中的财产被官府所收。你父亲的财产本来就有很多，况且从你祖父以来更有无数财产，实在应善加珍惜。所以你现在应该舍弃佛道而还俗。"

须提那回答母亲说:"我不能舍弃佛道,做这种违背佛法的事。我愿意修持净行,求取佛道。"

须提那的母亲再三劝说,须提那均回答不能舍道还俗。其母只好离去,又到须提那在俗时的妻子那里说:"你月经来时,便来告我。"

须提那妻自知经期已到,就去告诉婆母:"我的经期已到。"

婆母对须提那妻说:"你把出嫁时的华丽衣裳取出,穿戴打扮起来。"须提那妻依婆母所说,装饰打扮了一番,便与婆母一块来到须提那的住处。

须提那的母亲说:"现在正是你应该舍道还俗的时候。为什么呢?因为你如果不舍道还俗,我们家的财产就会被官府所收。"

须提那回答说:"我不能舍弃佛道。"

其母再三劝说,并对须提那说:"你妻子今天月经已完,正好可以受孕怀胎,延续你的子嗣,使我们家香火不断。"

须提那对母亲说:"这件事十分容易,我可以照办。"

当时,世尊并未制定戒法,所以须提那也不觉情欲的污秽,便拉着妻子的手,来到园中的僻静处,与在俗妻子三行淫事。

当时,众比丘来到世尊的住处,向世尊行礼后坐于一边,便将此事因由,禀告了世尊。

世尊就以此事为由将众比丘召集在一起。世尊或知而故问,或知而不问;时而问,时而不问;宜问则问,不宜问则不问。此时,世尊知时机已到,便问须提那:"你确实与你原先的妻子两次行淫事吗?"

"的确如此,世尊。我犯了不净行。"

此时,世尊以各种方便说法呵责须提那说:"你的所作所为是错误的,不合威仪,不合沙门法,不合净行,不合随顺行,是不应该做的。"

这时,世尊对须提那呵责后,对众比丘说:"须提那是愚痴的人,在多种世俗烦恼中,他最初违犯戒法。从今以后,为众比丘制定戒法,因为戒法对僧众有十种利益,即十句义:一、统御摄受,使众僧和合;二、令僧众专心修道,各守其分而安稳欢喜;三、僧团和合互助,可使众僧身心安乐;四、可使对佛法缺乏信心及未信的人生起信心;五、可使已经信仰佛法的人更增长坚固其信心;六、可以制罚或折伏违反僧团生活准则的难调伏者;七、使知惭愧者安稳得住,如法修行,不受干扰;八、能够断除今世现行的烦恼;九、能够断灭以后的烦恼,永不生起;十、使佛法久住世间。如有想解说戒法者，就应该这样说：倘若有比丘犯不净行，行淫事，犯者则获根本罪，应被驱逐出僧团，不得与其他僧人共住。"

四波罗夷法之一——不与取

原典

尔时，摩揭国瓶沙王有守材人，与此檀尼迦比丘少小亲厚知识。时檀尼迦比丘往至守材人所语言："汝知不耶？王瓶沙与我材木，我今须材便可与我。"

彼人言："若王与者，好恶多少，随意自取。"

王所留要材，比丘辄取斫截持去。时有一大臣，统知城事，至材坊，见王所留要材斫截狼藉。见已即问守材人言："此王所留要材，谁斩截持去？"

守材人言："是檀尼迦比丘，来至我所而作是言：王与我材，今须材用，便可见与。我寻报言：王与汝材，恣意取之。时比丘即入材坊斫截而去。"

时，大臣闻此语已，即嫌王言："云何以此要材与比丘？幸自更有余材可以与之，而令此比丘斫截要材持去！"

时，大臣往至王所，白言："大王，先所留要材云何乃与比丘，令斫截持去？幸自更有余材可以与之，何故坏此好材？"

王报言："我都不自忆以材与人，若有忆者语我。"

时，大臣即摄守材人来。将诣王所时，守材人遥见檀尼迦比丘，语言："大德，以汝取材故，今摄我去，汝可来为我决了。"

慈愍故，比丘报言："汝但去，我正尔往。"

时，檀尼迦比丘后往王所，在前默然而住。王即问言："大德，我实与汝材不？"

比丘答言："实与我材。"

王言："我不忆与汝材，汝可为我作忆念？"

比丘报言："王自忆不？初登位时，口自发言：若我世时，于我境内，有沙门①婆罗门②知惭愧乐学戒者，与而取，不与不取，与而用，不与不用。从今日沙门婆罗门，草木及水听随意用，不得不与而用。自今已去，听沙门婆罗门，草木及水随意用。"

王言："大德，我初登位时，实有如是语。"王言："大德，我说无主物，不说有主物。大德应死。"

王自念言：我刹利王水浇头种，云何以少材而断出家人命？是所不应。尔时王以无数方便呵责比丘已，敕诸臣放此比丘去。即如王教放去，后诸臣皆高声大论不平，王意云何如此死事，但尔呵责而放也。

时，罗阅城中有诸居士不信乐佛法众者，皆讥嫌言："沙门释子[3]无有惭愧，无所畏惧，不与而取。外自称言，我知正法。如是，何有正法？尚取王材，何况余人？我等自今已往，勿复亲近沙门释子，礼拜[4]问讯[5]，供养[6]恭敬，无使入村，勿复安止。"

时，诸比丘闻，诸少欲知足、行头陀[7]、知惭愧、乐学戒者，嫌责檀尼迦，云何偷瓶沙王材木耶？

尔时，诸比丘往至佛所，头面礼足已，在一面坐，以此因缘，具白世尊。

世尊尔时以此因缘集比丘僧，知而故问："檀尼迦比丘，汝审尔王不与材而取不？"

答言："实尔，世尊。"

世尊尔时以无数方便呵责檀尼迦比丘言："汝所为非，非威仪，非沙门法，非净行，非随顺行，所不应为。云何檀尼迦王不与材而取？我无数方便称叹，与者当取，取者当用。汝今云何王不与材而取耶？"

尔时，复有一比丘，名曰迦楼。本是王大臣，善知世法，去世尊不远在众中坐。尔时，世尊知而故问迦楼比丘言："王法不与取几许物应死？"

比丘白佛言："若取五钱，若值五钱物，应死。云何檀尼迦比丘王不与材而取？"

尔时,世尊以无数方便呵责檀尼迦比丘已,告诸比丘:"檀尼迦比丘痴人,多种有漏处,最初犯戒。自今已去,与比丘结戒,集十句义,乃至正法久住。欲说戒者,当如是说:若比丘,若在村落,若闲静处,不与盗心取,随不与取⑧法。若为王、王大臣所捉,若杀,若缚,若驱出国。汝是贼,汝痴,汝无所知,是比丘波罗夷不共住。"

注释

①**沙门**:又作沙门那、沙闻那、桑门、丧门。意译勤劳、静志、息止、息恶、息心、修道、贫道等。原为古印度反婆罗门教思潮各个派别出家者的通称,佛教盛行后则专指佛教僧侣。

②**婆罗门**:意译净行、清净。印度第一种姓,被称为"人间之神"。据《长阿含经》载,此阶级是从梵天之口生出,自认为是印度社会的最胜种姓,是古印度一切知识的垄断者,以习吠陀,司祭祀为业。《摩奴法典》规定,婆罗门有六法:学习吠陀、教授吠陀、为自己祭祀、为他人祭祀、布施、受施。

③**释子**:释,释迦之略称;释迦牟尼佛出身于释迦族,故指依佛出家之弟子,或佛灭度后的弟子。《四

分律》卷三十六载:"于我法中,四种姓刹利、婆罗门、毗舍、首陀,以信坚固,从家舍家学道,灭本名,皆称为沙门释子。"

④ **礼拜**:合掌叩头表示恭敬,略称礼、拜。即以身体之动作(身业)来表示尊敬之意;而与口业之读诵、称名、赞叹及意业之观察,并称为对佛之五正行。礼拜并不只限于佛,如对塔,对长老、和尚等,均可以礼拜表示恭敬之意。

⑤ **问讯**:敬礼法之一。即向师长、尊上合掌曲躬而请问其起居安否。《大智度论》卷十载有二种问讯法,如言是否少恼少患,称为问讯身;若言安乐否,称为问讯心。但后世之问讯,只是合掌低头。中国佛教徒多于拜佛将结束时,以问讯作结。

⑥ **供养**:又作供施、供给、打供。指将食物、衣服等供给佛法僧三宝、师长、父母、亡者等。供养初以衣服、饮食、卧具、汤药等为主,称为四事供养。后亦包含纯粹的精神供养,如法供养,即以恭敬供养、赞叹供养、礼拜供养等精神崇敬态度施以佛法僧等。

⑦ **头陀**:指去除尘垢烦恼。苦行之一。即对衣、食、住等弃其贪着,以修炼身心,亦称头陀行、头陀事、头陀功德。头陀有十二种修行规定,称为十二头陀行。即:(一)在阿兰若处,离世人居处而住于安静之

所；（二）常行乞食；（三）次第乞食，乞食时不分贫富之家，而沿门托钵；（四）受一食法，一日一食；（五）节量食，指不过食，即钵中只受一团饭；（六）中食后不得饮浆；（七）着敝衲衣，穿着废弃布所做的衣服；（八）但三衣，除三衣外，无多余之衣；（九）冢间住，住于墓地；（十）树下止；（十一）露地坐，坐于露天之地；（十二）但坐不卧，即常坐。

⑧ **不与取**：十恶业道之一。指他人未与而自取之，即偷盗。禁制不与取，称为不与取戒，为五戒中之第二戒。

译文

那时，摩揭陀国瓶沙王的一个看守木材的人与檀尼迦比丘从小就相识。一次檀尼迦比丘来到守材人的住处，对他说："你知不知道？瓶沙王准允给我木材，现在我需用木材，请你给予我吧！"

守材人说："如果是国王准与你的，那就好恶多少，随你拿吧！"

檀尼迦比丘就把瓶沙王所留待用的上好木材砍截取走。当时，有一个大臣，统辖管理城内事务，到材场，见为国王备用的上等木材被砍斫截断，狼藉一片，便向守材人说:"这是国王所留备用的上等木材,让谁给砍截拿去了?"

守材人回答说:"是檀尼迦比丘,他来我这里说:国王准予给我木材,现在我需用木材,请给予我。我告诉他说:既然国王准与给你木材,那你就随意拿吧!檀尼迦比丘即入材场将木材砍截拿去。"

此时,大臣听了这一番话,即对瓶沙王有所不满地说:"为什么将这样的上等木材给予比丘?材场中尚有其他木材可以给予,何必要让此比丘把这样上好的木材砍截拿去!"

当时,大臣就到瓶沙王的住处,说:"大王,您先前留下的上好木材为什么要给与比丘,让他砍截拿走呢?材场中尚有其他木材可以给予,为何要损坏这样的上好材料?"

瓶沙王说:"我不记得曾把木材给人,如果有记得此事的人请告诉我。"

这时大臣就将守材人拘捕而来。将要到国王住处时,守材人正好远远看见了檀尼迦比丘,就说:"大德,因为你取走木材的缘故,如今要拘捕我去,你可要来为我辨明此事。"

檀尼迦比丘说:"你但去无妨,我也正要前往。"

此时檀尼迦比丘随后来到国王住处,在瓶沙王面前默然站定。瓶沙王问道:"大德,我确实给予过你木材吗?"

比丘回答说:"确实给予过我木材。"

瓶沙王说:"我不记得曾给予过你木材,你可以为我叙述前因吗?"

比丘回答说:"大王,您还记得吗?您初登位时,曾亲口说过:我在位时,在我国境内,有沙门、婆罗门知廉耻愿学戒法的人,奉行一种施与则取,未施与则不取;施与则用,未施与则不用的生活准则。从今天开始,对于草木及水,沙门和婆罗门可以随意享用,但对其他物仍不能不经施与而享用。从今以后,对于草木及水,任沙门、婆罗门随意使用。"

瓶沙王说:"大德,我初登王位时,确实说过这样的话。"他接着说:"不过,大德,我说的只是没有主人之物,而不是说的有主之物。大德,犯此过,你应被判为死罪。"

瓶沙王思忖道:我身为高贵富有的刹帝利王种姓,怎么能够因为一点点木材而断送一个出家修道人的性命?此事不妥。于是当时瓶沙王只是以种种方式呵责檀尼迦比丘,敕令众大臣将此比丘释放。檀尼迦被放走后,众高臣都大声议论,认为处理不公,大王为何将死罪之人只是呵责而已,便释放了他。

当时，罗阅城中不信仰佛法的人，也都讥讽议论说："沙门释子没有惭愧之心，无所畏惧，别人未曾施与之物也敢取用。还在外自称：我知正法。像这样哪里还有正法？连国王的木材都敢取用，何况普通百姓的东西？我们自今以后，不要再亲近沙门释子，不再对他们施礼致敬、恭敬供养，也不要让他们入村安息居止。"

这时，众比丘听说此事后，其中少欲知足、修苦行、知廉耻、学戒法的比丘，都责怪檀尼迦比丘，为什么要偷取瓶沙王的木材呢？

当时，众比丘就来到佛的住处，恭敬礼拜后坐在一边，将此事禀告世尊。

世尊以此事为由召集众比丘，知而故问："檀尼迦比丘，你是否未经瓶沙王施与就取用木材？"

檀尼迦回答说："是的，世尊。"

此时，世尊以各种方便说法呵责檀尼迦说："你的所作所为是错误的，不合威仪，不合沙门法，不合净行，不合随顺行，是不应该做的。檀尼迦，为什么瓶沙王未施与而你要取用呢？我曾无数次地强调，人施与方可取，取后就当使用。你如今为什么未经瓶沙王施与就私自取用呢？"

此时，在离世尊不远处坐着一个名叫迦楼的比丘，出家前曾是瓶沙王的大臣，通晓世间法律。世尊这时知而故问迦楼比丘说:"世间法律禁止偷盗,取多少物就应是死罪呢?"

迦楼比丘说:"如果盗取五钱或价值五钱的物品,就应定为死罪。为什么檀尼迦比丘未经瓶沙王施与就私自取用呢?"

世尊以各种方便说法训责檀尼迦比丘后,对众比丘说:"檀尼迦比丘是愚痴的人,在多种世俗烦恼中,他最先违犯戒法。从今以后,为众比丘制定戒法,集十句义,以至令佛法久住世间。如有想解说戒法者,就应当这样说:如有比丘,或在村落,或在僻静处,未经人施与以盗心取用财物,犯偷盗罪。如被国王、大臣所捕,或杀,或缚,或驱逐出国。你是盗贼,你是蠢人,你愚昧无知,犯者则获根本罪,被逐出僧团,不得与其他僧人共住。"

四波罗夷法之二——杀断人命

原典

诸比丘在婆裘河边园中住。作是念,世尊无数方便,说不净行,叹不净行,叹思唯不净行。彼以无数方便习不净观①,厌患身命,愁忧不乐,求刀欲自杀,叹死、赞死、劝死。

时，有比丘字勿力伽难提，是沙门种出家，手执利刀，入婆裘园中，见有一比丘厌患身命，秽污不净。遥见勿力伽难提比丘来，语言："大德，断我命来，我以衣钵[②]与汝。"彼即受其雇，衣钵已，便断其命。

于彼河边洗刀，心生悔恨言："我今无利非善。彼比丘无罪过，而我受雇，断他命根。"时，有一天魔[③]知彼比丘心念，即以神足而来在勿力伽难提比丘前，于水上立而不陷没，劝赞言："善哉！善哉！善男子，汝今获大功德，度不度者。"

时，难提比丘闻魔赞已，悔恨即灭。便作是念：我今获大功德，度不度者。即复持刀入园中而问言："谁未度者？我今欲度之。"

时，有未离欲比丘[④]，见勿力伽难提比丘，甚大怖惧毛竖。勿力伽难提见已，语诸比丘言："汝等勿惧，诸根[⑤]未熟，未任受化，须待成熟，当来相化。"其中比丘欲爱[⑥]尽者，见勿力伽难提心不怖惧，身毛不竖。时，勿力伽难提比丘或日杀一比丘，或杀二、三、四、五乃至六十人。时，彼园中死尸狼藉，臭处不净，状如冢间。

时，有诸居士礼拜诸寺，渐次至彼园中，见已，皆共惊怪，讥嫌言："此园中乃有是变，沙门释子无有慈憨，共相杀害。自称言我修正法，如是何有正法？共相杀害，此诸比丘犹自相杀，况于余人？我等至今勿复敬奉承事供养沙门释子。"即告诸村邑，勿复容止往来。时，诸居士见此园中如是秽恶，便不复往返。

尔时，毗舍离比丘以小因缘集在一处。尔时，世尊观诸比丘众减少，诸大德比丘有名闻[7]者，皆不复见。尔时，世尊知而故问阿难[8]言："众僧何故减少？诸名闻大德者，今为所在皆不见耶？"

尔时，阿难以先因缘具白佛言："世尊先以无数方便广为诸比丘说不净行，叹不净行，叹思唯不净行。时诸比丘闻已，厌身患命，求人断命，是以少耳。唯愿世尊与诸比丘更作方便说法，使心开解，永无疑惑。"

佛告阿难："今可集诸比丘会讲堂[9]。"

时，阿难受佛教，即集诸比丘会讲堂。集比丘僧已，往世尊所，头面礼足在一面住，白世尊言："今众僧已集，愿圣知时。"

尔时，世尊即诣讲堂，在众中坐，告诸比丘："有阿那般那三昧[10]，寂然快乐。诸不善法生，即能灭之，永使不生。譬如秋天降雨之后，无复尘秽；又如大雨能止猛风。阿那般那三昧亦复如是，寂静快乐。诸不善法生，即能灭之。"

尔时，世尊以无数方便为诸比丘说阿那般那三昧，叹阿那般那三昧，叹修阿那般那三昧。彼诸比丘便作是念：世尊今日无数方便为我等说阿那般那三昧，叹阿那般那三昧，叹修阿那般那三昧，当勤修习之。时，诸比丘即以种种方便思唯入阿那般那三昧。从阿那般那三昧觉已，自知得增上胜法，住于果证[11]。

尔时，世尊以此因缘集比丘僧，无数方便呵责婆裘园中比丘："汝所为非，非威仪，非沙门法，非净行，非随顺行，所不应为。云何婆裘园中比丘痴人，而自共断命？"

世尊无数方便呵责已，告诸比丘："婆裘园中比丘痴人，多种有漏处，最初犯戒。自今已去，与诸比丘结戒，集十句义，乃至正法久住。欲说戒者，当如是说：若比丘故自手断人命，持刀与人，叹誉死，快劝死，咄！男子，用此恶活为，宁死不生。作如是心，思唯种种方便，叹誉死，快劝死，是比丘波罗夷不共住。"

注释

① **不净观**：又作不净想，为佛教禅观五停心观之一。修此禅观以对治贪欲之心。方法是在禅定中观想自身与他身污秽不净：（一）观他身不净，观身死、尸发胀、变青瘀、脓烂、腐朽、虫吃、骨锁等。（二）观自身不净，种子不净，肉体系由因缘而形成，故内（烦恼）、外（父

母之精血）之种子不净。住处不净，于母胎中，十月不净。自体不净，此身由三十六种不净物所组成。外相不净，身具九孔，常流唾涕大小便等。究竟不净，身死后或土埋成土，或虫吃成粪，或火烧成灰。修不净观以破除对人生的贪恋，坚定出世修行的决心。

② **衣钵**：指三衣一钵。三衣，指九条衣、七条衣、五条衣三种袈裟。钵，修行僧的正式食器。三衣一钵是出家众所有物中最重要者，受戒时，是必不可少之物。禅宗传法即传衣钵于弟子，称为传衣钵。因此，亦引申为师者将佛法大意传授给后继者。此外，衣钵有时也用以称僧人的钱财所有，因钱财非僧尼应持之物，故以委婉之词称之。

③ **魔**：全称为魔罗。意译为杀者、夺命、能夺、障碍。又称恶魔，指夺人生命、妨碍善事的恶鬼神。"魔"字，旧译为"磨"，至南朝梁武帝时始改为"魔"字。佛陀成道之时，魔王波旬曾派欲妃、悦彼、快观、见从等四女前来扰乱。魔王住于欲界第六他化自在天之高处，为破坏正教之神。

另外，佛教把一切烦恼、疑惑、迷恋等妨碍修行的心理活动，均称为魔。由自己身心所生的障碍称为内魔；来自外界的障碍称为外魔，二者合称为二魔。

④ **未离欲比丘**：指尚未断欲界修惑的比丘。反之，

已离欲界修惑的比丘，称为已离欲比丘。

⑤ **根**：通常指器官、机能、能力之意。具有促进作用（又称增上）的根本。如眼根能生眼识，耳根能生耳识等。有二十二根之说，即眼根、耳根、鼻根、舌根、身根、意根、女根、男根、命根、乐根、苦根、喜根、忧根、舍根、信根、勤根、念根、定根、慧根、未知当知根、已知根、具知根等。最初之眼、耳、鼻、舌、身、意，习惯上称为六根。

⑥ **欲爱**：指欲界的烦恼，即对色、声、香、味、触五欲的妄执。菩萨喜乐正法，称为法爱；凡夫贪爱五欲，称为欲爱。

⑦ **名闻**：指名声广闻于世间。与"名誉"同义。

⑧ **阿难**：为佛陀十大弟子之一。全称阿难陀，意为欢喜、庆喜、无染。系释迦牟尼佛之堂弟，出家后二十余年间，为佛陀常随弟子。善记忆，对佛陀之说法，多能朗朗记诵，故被称为多闻第一。传说佛教第一次经典结集，由他诵出经藏，于经法之传持，功绩甚大。

⑨ **讲堂**：指供作讲经说法之建筑。在印度，佛陀在世时已设有讲堂。关于讲堂之始设，据《释氏要览》卷下载，佛在世时，一日，比丘群聚一堂，正好有二比丘个别对众说法，由于在同一处所，彼此妨碍，佛陀遂规定造立二堂，以利说法。

⑩ **阿那般那三昧**：又作阿那般那观、念安般、安般守意，简称数息、安般。意译作念入出息、息念观、数息观。为五停心观之一。即坐禅时专心计数出息或入息（呼吸）之次数，使分散浮躁的精神专注，进入禅定意境。这是佛教除散乱、入正定的传统修法。三昧，又作三摩地、三摩提，意译为等持、正定、正心行处等。即指心定于一境的一种安定状态。

⑪ **果证**：即依修行而得果地的证悟。盖就果与因之相对关系而言，于因位之修行称为因修，依因修而证得果地称为果证。如佛果及小乘预流果、一来果、不还果、阿罗汉果等四种证果。

译文

众比丘在婆裘河边的园中居住。其时他们想，世尊以各种方便之教，为我们讲说不净行，感慨于世人的不净行和思唯不净行。因此比丘们便以各种方式来修习在禅定中观想自身与他人污秽的不净观。由此他们厌弃人身和生命，整日忧愁不乐，或想求刀自杀，或赞叹死，或相互劝死。

这时，有一个沙门种出家的比丘，叫勿力伽难提，手里拿着一把刀，来到婆裘园中，正好看到一名比丘由于厌恶自身和生命，搞得污秽不堪。那比丘远远看见勿力伽难提过来，就说道："大德，快帮助我断绝生命，我会将衣钵送给你。"勿力伽难提受此比丘所雇，拿了衣钵，便断送了他的性命。

勿力伽难提来到河边洗刀时，心中悔恨道："我现在所为既无利养，也非行善。此比丘并没有罪过，而我却受雇于他，断了他的性命。"当时，有一个专门破坏正教的恶魔得知勿力伽难提心生悔念，便施展神通力来到勿力伽难提的面前，立于水面，对勿力伽难提赞叹说："好啊！好啊！善男子，你如今获得了大功德，超度了不能超度的人。"

勿力伽难提听了恶魔的称赞，悔恨之意顿消。他想到，我现在超度不能超度的人，是在做获得大功德的事。然后再次持刀来到园中，问道："哪一个想出离生死？我现在来超度他。"

当时，有尚未断惑离欲的比丘，看到勿力伽难提，都毛骨悚然，惊慌恐怖。勿力伽难提看到后，便对众比丘说："你们不要害怕，如果你们诸根没有修养成熟，那就不用度化，等诸根成熟以后，再来度化。"众比丘中有离欲断惑者，见到勿力伽难提并不惊慌恐惧。这样，勿力伽难提比丘有时一日杀一个比丘，有时杀二、三、四、五以至杀六十人。此时，这个园中死尸满地，臭气弥漫，如同坟地。

当时，有一些礼拜寺院的居士，渐次来到这个园中，眼前的景象，使他们惊诧不已，都怪怨说："这个园中出现此种变故，表明沙门释子根本没有慈悯之心，竟然相互杀戮。他们自称是在修习正法，像这样哪里还有正法？这些比丘内部还自相残杀，何况对其他人呢？从今以后我们不要再恭敬奉事供养沙门释子了。"众居士又告知附近村镇，不要再允许比丘往来安息。当时，诸位居士看见园中如此秽恶，便不再踏入这里。

这时，毗舍离的比丘因一些小事由聚集在一处。世尊看到众比丘人数减少，特别是那些远近闻名的大德长老，几乎都不见了。此时，世尊知而故问弟子阿难说："比丘人数因什么缘故减少了？各位大德长老，今天为什么也都不见呢？"

阿难就把先前发生的事件禀告佛说："世尊起先以无数方便之教为众比丘说不净行，感慨于不净行和意念中的不净行。众比丘听了以后，就厌弃人身及生命，求人帮助断绝性命，所以人数减少。现在恳请世尊更为众比丘作方便说法，使他们心胸开阔，断绝疑惑。"

佛告诉阿难说："现在请把众比丘召集到讲堂。"

阿难即按照佛的吩咐，将众比丘集于讲堂。然后，来到佛的住处，向世尊恭敬施礼后说："现在众比丘已集合在一起,望世尊知道。"

此时,世尊来到讲堂,坐在众比丘中间,对他们说:"有一种数息观,能使人心平意静,身心得到无穷快乐。若有邪念产生,即刻就能断灭,使其永不生起。好比秋天降雨以后,不会再有尘埃;又如大雨能遏止猛风一样。数息观就是这样,能使人平静快乐。有邪恶之念产生,即刻就能断灭。"

这样,世尊以无数方便说法为众比丘讲说数息观、赞叹数息观以及持修此法的益处。众比丘想:世尊今天以各种方便说法为我们讲说数息观,赞叹修持数息观的好处,我们应当精进勤勉修习此法。这样,众比丘即以各种方式进入心注于一境的禅定状态。从这一禅定意境中觉醒后,便自我感觉获得了修行果地的证悟。

此时,世尊便以此事为由召集众比丘,以无数方便说法呵责婆裘园中的比丘说:"你们的所作所为是错误的,不合威仪,不合沙门法,不合净行,不合随顺行,是不应该做的。你们这些蠢人,为什么要自断性命呢?"

世尊训斥后,对众比丘说:"婆裘园中的比丘是些蠢人,在多种世俗烦恼中,他们最先违犯戒法。从今以后,为众比丘制定戒法,集十句义,以至令佛法久住世间。如有想解说戒法者,就应当这样说:如有比丘故意手杀人命,或持刀给人,赞叹死的快乐,规劝别人去死，说：你与其这样活着还不如死了好。有这样的想法，并以此来赞叹身死，劝说人死，犯者则获根本罪，应被逐出僧团，不得与其他僧人共住。"

四波罗夷法之二——上人法

原典

尔时，世尊游于毗舍离猕猴江边高阁讲堂。时世谷贵，人民饥饿，乞食难得。时，世尊告阿难："诸有在毗舍离比丘，尽令集在讲堂。"阿难即承佛教，敕诸比丘集会讲堂。众僧集已，头面礼佛足，却住一面，白佛言："毗舍离比丘已集讲堂，唯圣知时。"

尔时，世尊即诣讲堂，在大众中坐，告诸比丘："汝等当知，今时世谷贵，人民饥饿，乞食难得。汝等诸有同和上同师，随亲友知识①，各共于此毗舍离左右，随所宜安居②。我亦当于此处安居。何以故？饮食难得，令众疲苦。"

时，诸比丘闻世尊教已，即各随同和上同师亲友知识，于毗舍离左右安居。世尊于毗舍离城内安居。

时，有众多比丘于婆裘河边僧伽蓝③中安居者，作是念：如今此国谷贵，人民饥饿，乞食难得，我等作何方便不以饮食为苦？寻即念言：我今当至诸居士④家语言，我得上人⑤法，我是阿罗汉⑥，得禅⑦，得神通⑧，知他心。并复叹彼某甲得阿罗汉，得禅，得神通，知他心。中有信乐⑨居士，所有饮食不敢自啖，不与妻子，当持供养我等。彼诸居士亦当称叹我等，此诸比丘真是福田⑩，可尊敬者。我等于是可得好美饮食，可得安乐⑪住，不为乞食所苦。

尔时，婆裘河边诸比丘作是念已，即往至诸居士家，自说我得上人法，是阿罗汉，得禅，得神通，知他心。并复叹彼某甲比丘得阿罗汉，得禅，得神通，知他心。时，诸信乐居士信受其言，即以所有饮食，妻子之分不食，尽持供养诸比丘，言此是世间可尊敬者。此诸比丘受诸居士供养，颜色光泽和悦，气力充足。

诸余比丘在毗舍离安居者，颜色憔悴，形体枯燥，衣服弊坏。安居竟，摄持衣钵，往世尊所，头面作礼在一面坐。尔时，世尊慰问诸比丘言："汝等住止和合⑫安乐不？不以饮食为苦耶？"

诸比丘白佛言："我等住止和合安乐。时世谷贵，人民饥饿，乞食难得，以此为苦。"

在婆裘河边僧伽蓝中安居诸比丘，颜色光泽和悦，气力充足。安居竟，摄衣持钵，往世尊所，到已，头面作礼在一面坐。时，世尊慰问诸比丘："汝等住止和合安乐不？不以饮食为苦耶？"

诸比丘白佛言："我等住止和合安乐，不以饮食为苦。"

佛问言："今世谷贵，人民饥饿，乞食难得，汝等以何方便不以饮食为苦耶？"诸比丘即以上因缘具白世尊，以是故不以饮食为苦。

世尊问诸比丘："汝等有实不？"

答言："或有实，或无实。"

佛告诸比丘："汝等愚人，有实尚不应向人说，况无实而向人说。"

时，世尊告诸比丘："世有二贼，一者实非净行，自称净行。二者为口腹故，不真实，非己有。在大众中故作妄语[13]，自称言，我得上人法。是中为口腹故，不真实，非己有，于大众中故妄语，自称言我得上人法者最上大贼。何以故？以盗受人饮食故。"

时，世尊以无数方便呵责婆裘河边僧伽蓝中安居诸比丘已，告诸比丘："此愚人，多种有漏处，最初犯戒。自今已去，与诸比丘结戒，集十句义，乃至正法久住。欲说戒者，当如是说：若比丘实无所知，自称言，我得上人法，我如是，我知是。彼于异时，若问若不问，欲自清净故，作是说，我实不知不见。言知言见，虚诳妄语。是比丘波罗夷不共住。"

注释

①**知识**：即朋友之异称，而非多知博识之义。就为人而言，其人若善，则为善友、善知识；若恶，则为恶友、恶知识。

②**安居**：意译为雨期，为修行制度之一。又作夏安居、雨安居、坐夏、结夏、坐腊。印度夏季雨期达三月之久，为了避免在雨季期间外出，踩杀地面之虫类及草树新芽，招引世人讥讽，故在此三个月里，禁止僧尼外出，而聚居一处以致力修行。

安居之时期，一般以一夏九旬（即三个月）为期。在中国，安居期以四月十六日为始日，七月十五日为终日。安居之首日，称为结夏；圆满结束之日，称为解夏、安居竟。安居结束后，比丘、比丘尼等增加法腊一岁。

③**僧伽蓝**：又作僧伽罗摩，略称伽蓝，意译众园。梵汉并举作僧园、僧院，原指修建僧舍的基地，转而为包括土地、建筑物在内寺院的总称。

④**居士**：意译长者、家主、家长。经、律典籍中，常称印度四姓中吠舍种之富豪为居士。佛教中之居士常与古来所称之长者混同。慧远《维摩义记》卷一说："居士有二：一广积资产，居财之士名为居士；二在家修道，居家道士名为居士。"后一种即为佛教中的居士。

现在则泛指在家而皈依佛门的男子，亦有称在家修道之女子为居士者。

⑤**上人**：对智慧兼备可为众僧及众人师者之高僧的尊称。《释氏要览》卷上认为，内有智德、外有胜行，在众人之上者为上人。

⑥**阿罗汉**：又作阿罗诃、阿黎呵，略称罗汉，意译应供、杀贼、无生、真人。为小乘修行的最高果位，指断尽三界见、修二惑所达到的果位。阿罗汉有三义：（一）杀贼，意谓杀尽一切烦恼之贼；（二）应供，阿罗汉断除一切烦恼，应受人天之供养；（三）不生，即无生，阿罗汉已证入涅槃，不再生死轮回。

⑦**禅**：又作禅那，意译静虑、思唯修、弃恶等。指将心专注于某一对象，正审思虑，入于寂静。按修习层次，共分四种，称四禅或四静虑。中国习惯于把禅与定并称为禅定。

⑧**神通**：又作神通力、神力、通力等，即依修禅定而得的无碍自在、超人间的、不可思议的作用。共有神足、天眼、天耳、他心、宿命等五神通。

⑨**信乐**：听闻、信仰佛法，因而产生爱乐之心。对佛法，心无所疑为信；如所信法，求欲修行，则名乐。

⑩**福田**：指可生福德之田。凡敬奉佛、僧、父母、悲苦者，即可得福德、功德，犹如农人耕田，能有收获，

故以田为喻,则佛、僧、父母、悲苦者即称为福田。

⑪ **安乐**:指身安心乐之意。根据《法华文句》卷八解释,身无危险为安,心无忧恼为乐。

⑫ **和合**:比丘三人以上集同处、持同戒、行同道者,名和合僧。和合有二义:(一)理和,即同破见思之惑,同证无为之理;(二)事和,即同一界内之僧,身、口、意三业相和合,称为六和合:戒和同修、见和同解、身和同住、利和同均、口和无诤、意和同悦。

⑬ **妄语**:十恶之一。又作故妄语、虚妄语、虚诳语等,指以欺骗别人为目的而说的虚妄语。妄语戒为五戒、十戒之一。

译文

那时,世尊住在毗舍离猕猴江边的高阁讲堂中。当时,世间粮食昂贵,人民饥饿,比丘外出很难乞得食物。世尊告诉阿难:"让在毗舍离的所有比丘,都来讲堂集合。"阿难按照佛的旨意,令众比丘集于讲堂。然后,来到佛的住处向佛恭敬施礼后说:"毗舍离的比丘都已集合在讲堂,望世尊知道。"

此时,世尊便来到讲堂,坐在众比丘中,对他们说:"你们知道,如今世间谷物昂贵,人民饥饿,乞食难得。你们中有同门同师的，可以相互依靠这些亲戚朋友，各自在毗舍离城附近安居。我也在这里安居。为什么要这样安排呢？因为外出乞食难得，反让大家疲惫受苦。"

众比丘听了世尊的教诲后，便各自随从同和上同师的亲戚朋友，在毗舍离城附近安居。世尊亦在毗舍离城内安居。

这时，有众多比丘在婆裘河边的寺院中安居，他们寻思道：现在这个国家谷物奇贵，人民饥饿，出家人乞食难得，我们以何权宜之计能免除饮食之苦呢？他们合计说：我们现在应当到众居士家中，对他们说，我已得上人法，我是阿罗汉，已得禅定和神通力，能知他人心。并又赞叹某比丘已修成阿罗汉，得禅定和神通力，能知他人心。其中必定有对佛法信乐的居士，不敢独自享用自家的饮食，也不给予妻子和孩子，而持来供奉我们。众居士还要称赞我们说，这些比丘可真是福田，是应当尊敬的人。这样我们便可以得到上等饮食，身安心乐，安心修习，不再被饮食困扰。

婆裘河边的众比丘这样想罢，便来到众居士家，自称说：我已得上人法，是阿罗汉，已得禅定和神通力，能知他人心。并又赞叹某比丘已修得阿罗汉，得禅定和神通力，能知他心。此时，众多信乐佛法的居士信服众比丘的话，便将家中的饮食，即使是妻子和孩子的一份也不吃，都拿来供养众比丘，并说这些比丘是世上最可尊敬的人。众比丘由于受这些居士的供养，红光满面，气力充足。

在毗舍离安居的其他比丘，面色憔悴，形体瘦弱，衣衫褴褛。安居结束后，携持衣钵，来到世尊的住处，恭敬礼拜后坐在一边。这时，世尊慰问众比丘说："安居期间你们是否和合安乐？不觉得饮食生活艰苦吧？"

众比丘回答佛说："我们居止安息都和合安乐。只是现在世间粮食奇贵，人民饥饿，外出乞食难得，所以我们在饮食方面很艰苦。"

在婆裘河边寺院中安居的众比丘，满面红光，气力充沛。安居结束后，携持衣钵，来到世尊的住处，恭敬礼拜后坐在一边。这时，世尊慰问众比丘说："安居期间你们是否和合安乐？不觉得饮食生活艰苦吧？"

众比丘回答佛说："我们居止安息都和合安乐，也不觉得饮食生活艰苦。"

佛问道："现在世上粮食奇贵，人民饥饿，比丘乞食难得，你们是以什么方法不使自己的饮食生活艰苦的呢？"众比丘即把以上免除饮食之苦的权宜之计告诉了世尊。

世尊问众比丘："你们是否像所说的那样获得了上

人法？"

众比丘回答说："有的确实如此，有的则不是这样。"

佛告诉众比丘说："你们真是愚蠢，即使真的获得上人法，也不应向人炫耀，何况你们没有获得上人法便向人宣说。"

此时，世尊对众比丘说："世上有两种盗贼：一是自己所做实际并非净行，而自称是净行；二是因为口腹的缘故，自己本来并没有获得上人法，却在众人中故意说假话，自称自己已获得上人法。在这两种盗贼中，以第二种做法最为严重，是最大的盗贼。为什么这样说呢？因为盗取享用了别人的饮食。"

这时，世尊以无数方便说法呵责在婆裘河边寺院中安居的比丘后，对众比丘僧说："这些比丘都是愚蠢的人，在多种世俗烦恼中，最先违犯戒法。从今以后，为众比丘制定戒法，集十句义，以至令佛法久住世间。如有想解说戒法者，就应当这样说：如有比丘本来一无所知，却自称自己已得上人法，说自己是什么，知道什么。过些时，或有人问或不问，他为了求得自己的清净，又说我实际上既无所知，又无所见解。说自己有所知，有所见解，完全是虚妄假话。这个比丘则犯根本罪，应被逐出僧团，不得与其他僧人共住。"

十三僧残法之一——故出精戒

原典

尔时，世尊游舍卫城。时迦留陀夷①，欲意炽盛，颜色憔悴，身体损瘦。于异时独处一房，敷好绳床②、木床，大小褥被枕，地复敷好敷具③，户外别安汤水洗足具。饮食丰足，欲意炽盛，随念忆想，弄失不净，诸根悦豫，颜色光泽。诸亲友比丘见已，问言："汝先时颜色憔悴，身形损瘦，如今颜色和悦光泽，为是住止安乐，不以饮食为苦耶？云何得尔？"

答言："住止安乐，不以饮食为苦。"

彼复问言："以何方便住止安乐，不以饮食为苦？"

答言："大德，我先欲意炽盛，颜色憔悴，形体损瘦。我时在一房住，敷好绳床、木床，大小褥被枕，地复敷好敷具，户外别安汤水洗足之具。饮食丰足，我欲意炽盛，随念忆想，弄失不净，我以是故住止安乐，颜色和悦光泽。"

诸比丘言："汝所为甚苦，何以言安乐耶？所为不安而言安耶？此正法中说欲除欲，说慢除慢，灭除渴爱，断诸结使④，爱尽涅槃⑤。汝云何欲意炽盛，随念忆想，弄失不净耶？"尔时，诸比丘往至世尊所，以此因缘,具白世尊。

世尊尔时以此因缘集比丘僧,知而故问迦留陀夷:"汝实尔欲意炽盛,随念忆想,弄阴失精耶?"

报言:"实尔。"

世尊以无数方便呵责:"汝所为非,非威仪行,非沙门法,非净行,非随顺行,所不应为。汝今云何于我清净法中出家作秽污行,弄阴失精耶?汝今愚人,舒手受人信施⑥,复以此手弄阴堕精。"

尔时,世尊以无数方便呵责已,告诸比丘:"此愚人,多种有漏处,最初犯戒。自今已去,与诸比丘结戒,集十句义,乃至正法久住。欲说戒者,当如是说:若比丘故弄阴失精,僧伽婆尸沙⑦。"

注释

① **迦留陀夷**:又作迦楼陀夷、迦路娜。为佛弟子中恶行多端之比丘,乃是六群比丘之一。

② **绳床**:又作坐床、坐禅床,即以绳、草或藤所编制的折叠床,以其轻巧且携带方便,为比丘经常携行的用具,属比丘十八物之一。

③ **敷具**:又作坐具、坐衣、随坐衣。即坐卧时敷于地上或卧具上之长方形布,属比丘六物之一。主要为防御地上的草、虫以护卫身体,避免污损三衣及寝具。

④ **结使**：烦恼的异称。诸烦恼系缚众生，不能出离生死，称为结；烦恼驱役众生，扰乱众生，称为使。结有九种，使有十种，称为九结十使。《大智度论》卷一："一切众生，为结使病所烦恼，无始生死已来，无人能治此病者。"

⑤ **涅槃**：又作泥洹、泥曰、涅槃那等，意译寂灭、灭度、无生，与解脱同义，是佛教全部修习所要达到的最高境地。一般指超越轮回、寂灭生死的悟界，所以作为表示佛教特征的三法印之一，称涅槃寂静。但大小乘对涅槃理解不一。小乘以灰身灭智、捐形绝虑为涅槃，即指一切归于灭无之状况。大乘主张实相涅槃，反对脱离世间而求涅槃。涅槃分类很多，一般分为有余涅槃和无余涅槃两种。前者指虽断烦恼，然肉体尚存之情形；后者是灰身灭智，即一切归于灭无的状态。

⑥ **信施**：即信者向佛、法、僧三宝布施财物，或指所施之财物。

⑦ **僧伽婆尸沙**：指戒律中仅次于波罗夷的重罪。又作僧残、众决断、众余。犯戒者尚有残余之法命，如人被他人所斫，几濒于死，但尚有残命，宜速营救，依僧众行忏悔法，除其罪，犹可留于僧团，此亦相对于波罗夷之无残可言。比丘、比丘尼僧残之数不同，依《四分律》，比丘有"十三僧残"，比丘尼有"十七僧残"。

译文

那时，世尊住在舍卫城中。有迦留陀夷比丘，情欲炽盛，面色憔悴，身体消瘦。后来他独自一人住在一个房间，铺好坐床、木床，大小被褥及枕头，在地上铺好坐具，又在门外安放汤水洗脚用具。饮食丰富充足，越发情欲炽盛，便随自己的意念妄想，手淫出精，这样，身心感觉愉悦，气色光泽焕发。其他亲近友善的比丘看到他后，问道："你先前形容憔悴，身体瘦弱，如今却红光满面，神采奕奕，是因为你居住休息得安乐舒心、饮食丰富、不用忧愁的缘故吗？你是如何做到这样的呢？"

迦留陀夷回答说："我确实居住休息得舒适，饮食生活也好。"

其他比丘又问道："你是以什么方便之法使自己居住休息得舒适，饮食生活也好的呢？"

迦留陀夷回答说："大德，我原先情欲炽盛，面色憔悴，身体消瘦。后来我独自住在一间屋里，就铺好坐床、木床，大小被褥及枕头，又在地上铺好坐具，在门外安好汤水洗脚用具。饮食丰富充足，这样我越发情欲炽盛，便随自己的意念妄想，手淫失精，我就是这样使自己生活舒适，气色好看的。"

众比丘听后说:"你所做的是令人苦恼的事,你为什么说成是舒适的呢?这样令人不安的事,你为何反倒说成是安乐的呢?佛法中解说欲望,灭除欲望;解说骄慢,灭除骄慢;除却渴求贪爱,断绝世间烦恼,就可以获得超越轮回、寂灭生死的境界。你为何要情欲炽盛,随自己的邪念妄想,手淫出精呢?"此时,众比丘来到世尊的住处,将此事禀告世尊。

当时,世尊即以此事为由召集众比丘,知而故问迦留陀夷说:"你确实因情欲炽盛,随自己邪念妄想,手淫失精吗?"

迦留陀夷回答说:"确实如此!"

世尊以无数方便说法呵责道:"你的所作所为是错误的,不合威仪,不合沙门法,不合净行,不合随顺行,是不应该做的。你现在既已出家修清净法,为何还要做此污秽行为,手淫失精呢?你这个蠢人,伸手接受别人的布施,后又用此手弄阴出精。"

当时,世尊以无数方便说法呵责迦留陀夷后,便告诉众比丘说:"迦留陀夷这个蠢人,在多种世俗烦恼中,最先违犯戒法。从今以后,为众比丘制定戒法,集十句义,以至令佛法久住世间。如有想解说戒法者,就应当这样说:如有比丘故意手淫出精,则犯僧残罪。"

十三僧残法之二——摩触女人戒

原典

佛在舍卫国。时,迦留陀夷闻佛所制不得弄阴堕精,便手执户钥在门外立,伺诸妇女。居士家妇女童女来,语言:"大妹,可来入房看。"将至房中捉扪摸呜口。乐者便笑其所作,不乐者便嗔恚骂詈出房,语诸比丘言:"大德,当知不善非法,非宜不得时。我常谓是安隐处无患、无灾变、无怖惧处,今更于中遭遇灾变恐惧。本谓水能灭火,今更水中生火。迦留陀夷将我等至房中牵捉呜口扪摸,我等夫主在本房中牵挽作如是事,犹不堪忍,况今沙门释子乃作此事。"

时,诸比丘闻,中有少欲知足、行头陀、乐学戒、知惭愧者,呵责迦留陀夷言:"世尊制戒①,不得弄阴失精。汝今云何手执户钥于门外立,伺诸妇女,若居士家妇女来,将入房看,便捉扪摸呜口耶?"如是呵责已,往至世尊所,头面礼足在一面坐,以此因缘具白世尊。

世尊以此因缘集诸比丘,知而故问迦留陀夷:"云何汝实尔不?"

答言:"尔。"

世尊尔时呵责迦留陀夷言:"汝所为非,非威仪,非沙门法，非净行，非随顺行，所不应为。"

以无数方便呵责已，告诸比丘："此痴人，多种有漏处，最初犯戒。自今已去，与比丘结戒，集十句义，乃至正法久住。欲说戒者，当如是说：若比丘淫欲意，与女人身相触，若捉手，若捉发，若触一一身分者，僧伽婆尸沙。"

注释

① **制戒**：指佛陀以智慧为弟子制定戒律，防止诸恶、邪非等，令众生趋善避恶，勤修正道。按《四分律》，为比丘制戒二百五十条，比丘尼三百四十八条。

译文

佛在舍卫国。那时，迦留陀夷闻知佛制定不得手淫出精的戒法，便手拿钥匙立在门外，等候诸妇女来。一见众居士家的女人及童女，就说："大妹，请进屋里看看。"来到房中便动手动脚，触摸接吻。愿者便笑他的所作所为，不愿意的便恼恨怒骂着从房中出来，对众比丘说："大德，你们应当知道，今天的事是不合佛法、不合时宜的丑恶之事。我常认为，这里是无忧虑、无灾祸、无恐怖的安静处所，想不到今天在这里却遭遇了灾祸恐惧。本以为水能灭火，想不到今天水中却生出了火。迦留陀夷比丘带我们到房中，便动手拉扯，触摸接吻，我们的丈夫在自家房中拉扯做这样的事，我们尚不能忍受，况且今天沙门释子做这样的事。"

当时，众比丘听说此事后，其中少欲知足、修苦行、知廉耻、学戒法的比丘，呵责迦留陀夷说："世尊制定戒法，不得手淫出精。你现在为什么要手拿钥匙立在门外，等待众居士的妇女来，便将她们领入房内，触摸接吻呢？"呵责已，便来到世尊的住处，恭敬礼拜后，坐在一边，将此事禀告世尊。

世尊以此事为由召集众比丘，知而故问迦留陀夷说："你确实是那样做的吗？"

迦留陀夷回答说："是的。"

世尊当时呵责迦留陀夷说："你的所作所为是错误的，不合威仪，不合沙门法，不合净行，不合随顺行，是不应该做的。"

世尊以无数方便说法呵责迦留陀夷后，便对众比丘说："迦留陀夷蠢人，在多种世俗烦恼中，最先违犯戒法。从今以后，为众比丘制定戒法，集十句义，以至令佛法久住人间。如有想解说戒法者，就应当这样说：如比丘心怀淫欲邪念，与女人身体相触摸，或捉手，或摸发，或触摸身上任何一个部位，则犯僧残罪。"

十三僧残法之三——与女人粗语戒

原典

佛在舍卫国。时,迦留陀夷闻世尊所制戒,不得弄阴堕精,不得身相摩触,便持户钥在门外立,伺诸妇女。若居士家妇女来,语言:"诸妹,可入我房看。"将至房中已,向彼以欲心粗恶语。诸女乐者笑其所言,不乐者嗔恚骂詈出房,语诸比丘:"大德当知,今我所见事非善非法,非宜不得时。我常谓是处安隐无患、无灾变、无怖惧处,今日乃更生畏惧,身毛为竖。我等本谓水能灭火,而今火从水生。何以知之?迦留陀夷见将入房,淫欲意,粗恶语见向。我在家时夫主作粗恶语向我,犹不能堪忍,况今出家之人恶口[1]如是。"

时,诸比丘闻,其中有少欲知足、行头陀、乐学戒、知惭愧者,呵责迦留陀夷,广说如上已。往至世尊所,头面礼足在一面坐,以此因缘具白世尊。

世尊以此因缘集诸比丘,于大众中,知而故问:"云何迦留陀夷,汝审有此事耶?"

答言:"如是。"

时,世尊呵责:"汝所为非,非威仪,非沙门法,非净行,非随顺行,所不应为。"

世尊以无数方便呵责已,告诸比丘:"此迦留陀夷痴人,多种有漏处,最初犯戒。自今已去,与诸比丘结戒,集十句义,乃至正法久住。欲说戒者,当如是说:若比丘淫欲意,与女人粗恶淫欲语,随所说粗恶淫欲语,僧伽婆尸沙。"

注释

①恶口:为十恶之一。又作粗恶语,指口出粗恶语毁訾他人。言辞粗鄙,故视为恶,其恶从口而生,称之为恶口。若恶口骂詈诽谤,其人将获大罪报。

译文

佛在舍卫国。当时,迦留陀夷比丘听说世尊制定戒法,不得手淫出精,不得触摸妇女身体,便手拿钥匙立在门外,等候众居士家的妇女到来,便说:"各位姐妹,请进我的房里看看。"将她们带入房里后,便向她们说一些粗恶淫秽的话。众妇女中愿听者笑其所说,不愿听者就恼怒诅咒着走出房中,对众比丘说:"大德,你们应当知道,今天我所看到的事是不合佛法、不合时宜的丑恶之事。我常认为,这里是无忧虑、无灾祸、无恐怖的安静处所,可今天在这里却遇到令人毛骨悚然的畏惧事情。我们本以为水能灭火,想不到如今反而火从水生。我怎么知道的呢?迦留陀夷把我们带入房中,就对我们说一些污秽粗野的话。在家时,丈夫对我说一些粗恶言语,尚不能忍受,况且今天出家之人说出如此粗鄙的话。"

这时,众比丘听说此事,其中有少欲知足、修苦行、知廉耻、学戒法的比丘,呵责迦留陀夷后,便来到世尊的住处,恭敬作礼后,坐在一边,将此事禀告世尊。

世尊即以此事为由召集众比丘。世尊坐在众比丘中,知而故问迦留陀夷说:"你真有此事吗?"

迦留陀夷回答说:"是的。"

此时,世尊呵责迦留陀夷说:"你的所作所为是错误的,不合威仪,不合沙门法,不合净行,不合随顺行,是不应该做的。"

然后,世尊告诉众比丘说:"迦留陀夷是个蠢人,在多种世俗烦恼中,最初违犯戒法。从今以后,为众比丘制定戒法,集十句义,以至令佛法久住世间。如有想解说戒法者,就应当这样说:如有比丘心怀淫欲,对女人说粗恶淫秽的话,或随人所说,说粗野淫秽的话,则犯僧残罪。"

十三僧残法之四——向女人叹身索供戒

原典

佛在舍卫国。时,迦留陀夷已闻世尊制戒,不得弄阴堕精,不得与女人身相触,不得向女人粗恶语,便执户钥在门外立,伺诸妇女。若居士家妇女来,语言:"诸妹,可入我房看。"将入房已,自赞叹身言:"诸妹知不?我学中第一,我是梵行,持戒①修善法②人,汝可持淫欲供养我。"

时,喜乐者默然笑其所言,不乐者骂詈而出,告诸比丘言:"大德当知,我等向所见事,非善非宜,非法不得时。我常信此处无患、无灾变、无恐惧处,云何今日乃更生畏怖,身毛为竖。我本谓水能灭火,而今火从水生。我在家时,夫主向我作如是语,犹不堪忍,况出家之人乃作如是言。"

时,诸比丘闻,其中有少欲知足、行头陀、乐学戒、知惭愧者,呵责迦留陀夷:"汝云何闻世尊制戒,不得弄阴失精,不得与女人身相触,不得淫欲、粗恶语?"呵责广说如上已,往世尊所,头面礼足在一面坐,以此因缘具白世尊。

世尊尔时以此因缘集诸比丘,知而故问迦留陀夷:

"汝实尔不？"

答言："尔。"

尔时，世尊呵责迦留陀夷："汝所为非，非威仪，非沙门法，非净行，非随顺行，所不应为。"

世尊以无数方便呵责已，告诸比丘："迦留陀夷痴人，多种有漏处，最初犯戒。自今已去，与比丘结戒，集十句义，乃至正法久住。欲说戒者，当如是说：若比丘淫欲意，于女人前，自叹身言：大妹，我修梵行，持戒精进③，修善法。可持是淫欲法供养我，如是供养第一最，僧伽婆尸沙。"

注释

① **持戒**：即护持戒法之意，与"破戒"相对称。为受持佛所制之戒而不触犯，诸律设波罗夷、僧残等诸制戒，严禁僧众犯戒。所持戒品，在家、出家及声闻、菩萨各不相同。《大智度论》卷十三将持戒人分为四种：（一）为得今世之乐，或为怖畏、称誉名闻而持戒，是为下人持戒；（二）为富贵、欢娱、适意，或期后世之福乐而持戒，是为中人持戒；（三）为求解脱涅槃持戒，是为上人持戒；（四）为求佛道，怜悯众生，了知诸法求实相，不畏恶道、不求福乐之持戒，是为上上人

持戒相。

② **善法**：指合乎"善"的一切道理，即指五戒、十善，戒、定、慧三学，布施、持戒、忍辱、精进、禅定、智慧等六度。为恶法之对称。五戒、十善为世间善法，三学、六度为出世间之善法，二者虽有不同，但都是顺理益世之法，故称为善法。

③ **精进**：又作精勤、勤精进，指勇猛勤策进修诸善法。亦即依佛教教义，于修善断恶、去染转净的修行过程中，不懈怠地努力上进。精进为修道之根本，是三十七道品中之四正勤、五根、五力、七觉支、八正道之一，又是六波罗蜜、十波罗蜜之一。

译文

佛在舍卫国。当时，迦留陀夷比丘闻知世尊已制定戒法，不得手淫出精，不得触摸女人身体，不得向女人说粗恶淫秽的话，便手拿钥匙站在门外，待众居士家的妇女到来，便说："各位姐妹，请进我的房中看看。"将她们带入房后，便赞叹自己说："各位姐妹知道不？我是学中第一，修持净行，是护持戒法、修习善法的人，你们可以用淫欲来供养我。"

当时，愿听者就默然笑他所说的话，不愿听者就恼恨怒骂而出，告诉众比丘说："大德，你们应当知道，我们今天所看到的事，是不合善法、不合时宜的丑恶之事。我常相信，这里是无忧虑、无灾祸、无恐怖的处所，可是为什么今日在这里却遇到令人毛骨悚然的恐惧事情？我们本来以为水能灭火，可今天火反而从水中生出。在家时，丈夫向我们说这样的话尚不能忍受，何况出家人对我们说这样的话。"

当时，众比丘听说此事，其中有少欲知足、修苦行、知廉耻、学戒法的比丘呵责迦留陀夷："为什么已知世尊制定戒法，不得手淫出精，不得与女人身体相触，不得淫欲以及向女人说粗恶淫秽的话，还要去做呢？"呵责已，然后来到世尊的住处，恭敬作礼，坐在一边，将此事禀告世尊。

此时，世尊即以此事为由召集众比丘，知而故问迦留陀夷说："你实有此事吗？"

迦留陀夷回答说："是的。"

世尊呵责迦留陀夷说："你的所作所为是错误的，不合威仪，不合沙门法，不合净行，不合随顺行，是不应该做的。"

然后，世尊告诉众比丘说："迦留陀夷是个蠢人，在多种世俗烦恼中，最先违犯戒法。从今以后，为众比丘制定戒法，集十句义，以至令佛法久住世间。如有想解说戒法者，就应当这样说：如有比丘心怀淫欲，在女人前赞叹自身说：大妹，我修持净行，护持戒法，勇猛勤策修习善法。你可以用淫欲来供养我，这是最大的功德。如此这个比丘则犯僧残罪。"

十三僧残法之五——媒人戒

原典

佛在罗阅祇耆阇崛山中。时，罗阅城中有一比丘名迦罗，本是王大臣，善知俗法。彼作如是媒嫁，向男说女，向女说男。时，罗阅城中诸居士，欲有所嫁娶，尽往咨问迦罗。迦罗答言："须我至彼家先当观视。"观视已，往诸居士家语言："汝欲与某甲为婚者，随意。"

时，诸居士即如其言与作婚娶。时，诸男女婚娶得适意者便欢喜供养，赞叹言："令迦罗常得欢乐如我今日。何以故？由迦罗故，使我得如此欢乐。令迦罗及余比丘亦得供养。"若彼男女婚娶不得适意者，便作是言："当令迦罗常受苦恼如我今日。何以故？由迦罗故令我嫁娶受如是苦。令迦罗及诸比丘亦受苦恼，不得供养。"

时，罗阅城中不信佛法僧诸居士自相谓言："汝等若欲得与大富多财饶宝为婚者，可往沙门释子中问之，随时供养，亲近恭敬，可得如意。何以故？此沙门释子善知媒嫁，此男可娶彼女，彼女可与此男。"

时，诸比丘闻，其中有少欲知足、行头陀、乐学戒、知惭愧者，呵责迦罗比丘："云何媒男与女，媒女与男？"呵责已，往世尊所，头面礼足在一面坐，以此因缘具白世尊。

世尊以此因缘集诸比丘僧，知而故问迦罗："汝实尔媒嫁不？"

答曰："实尔。"

世尊以无数方便呵责："汝所为非，非威仪，非沙门法，非净行，非随顺行，所不应为。我以无数方便与诸比丘说离欲事，汝今云何乃作和合欲事？"

呵责已，告诸比丘："此迦罗愚人，多种有漏处，最初犯戒。自今已去，与比丘结戒，集十句义，乃至正法久住。欲说戒者，当如是说：若比丘往来彼此媒嫁，持男意语女，持女意语男，若为成妇事，若为私通，乃至须臾顷，僧伽婆尸沙。"

译文

佛在罗阅祇耆阇崛山中。当时，罗阅城中有一个名叫迦罗的比丘，出家前本是国王的大臣，通晓世间的种种事体。他便做起了婚姻嫁娶的介绍人，把女子介绍给男子，把男子介绍给女子。当时，罗阅城中的众多居士，如有想嫁娶的，都来请教询问迦罗。迦罗便说："让我先到那家人家中看看。"看后，就到众居士家说："你想同某家联为婚姻，可以随意。"

此时，众居士即按迦罗所说嫁娶通婚。众男女婚姻嫁娶如意的便欢喜供养比丘，赞叹说："愿迦罗也像我们今天这样欢乐。为什么这样说呢？由于迦罗的缘故，才使我们得到这样的快乐。愿迦罗和其他的比丘都能得到供养。"如众男女婚姻嫁娶不如意者，便会这样说："让迦罗也像我们今天这样常受苦恼。为什么这样说呢？由于迦罗的缘故，才使我们嫁娶受这样的苦。让迦罗和其他比丘都受苦恼，不得供养。"

这时，罗阅城中不信佛法的众居士互相传言说："你们如果想与豪富人家通婚，就应去沙门释子那里询问，随时亲近他们，恭敬供养他们，你便可以如愿以偿。为什么呢？因为这些沙门释子知晓婚姻嫁娶之事，懂得这个男子适宜娶那个女子，那个女子适宜嫁这个男子。"

此时，众比丘听说此事后，其中有少欲知足、修苦行、学戒法、知廉耻的比丘，呵责迦罗比丘说："为什么你要撮合男女婚事呢？"然后，来到世尊的住处，恭敬作礼坐在一边，将此事禀告世尊。

世尊即以此事为由召集众比丘，知而故问迦罗说："你确曾撮合男女嫁娶之事吗？"

迦罗回答说："是的。"

世尊以无数方便说教呵责迦罗说："你的所为是错误的，不合威仪，不合沙门法，不合净行，不合随顺行，是不应该做的。我以无数方便说法给众比丘讲说应断灭欲界烦恼，你如今为什么反倒做和合爱欲的事情呢？"

然后，对众比丘说："迦罗是一个蠢人，在多种世俗烦恼中，最先违犯戒法。从今以后，为众比丘制定戒法，集十句义，以至令佛法久住世间。如有想解说戒法者，就应当这样说：如有比丘来往于人家撮合婚姻，将男方的想法告诉女方，将女方的意思告诉男方，或为了促成婚事，或为了男女私通，以至片刻相会，此比丘则犯僧残罪。"

十三僧残法之六——过量房戒

原典

佛在罗阅祇耆阇崛山中。尔时，世尊听诸比丘作私房舍。时，有旷野国比丘，闻世尊听诸比丘作私房舍，彼即私作大房舍。彼作大房舍，功力烦多，常行求索为务言，与我工匠巧人，给我车乘并将车人，给我材木、竹、草、绳索。以比丘乞求烦多故，时诸居士遥见比丘回车远避，或入诸里巷，或入市肆，或自入舍，或低头直去，不与比丘相见。何以故？恐比丘有所求索故。

尔时，世尊以无数方便呵责诸比丘，非时乞求，不奕乞求，不正乞求。世尊无数方便称赞知时乞求，柔软乞求，正乞求已。告诸比丘："旷野比丘痴人，多种有漏处，最初犯戒。自今已去，与比丘结戒，集十句义，乃至正法久住。欲说戒者，当如是说：若比丘自求作屋，无主自为己，当应量作。是中量者，长佛十二磔手[①]，内广七磔手。当将余比丘指授处所，彼比丘当指示处所，无难处[②]，无妨处[③]。若比丘有难处、妨处，自求作屋，无主自为己，不将余比丘指授处所，若过量作者，僧伽婆尸沙。"

注释

① **磔手**：又作搩手。古代印度之尺数名。搩，张开之意。搩手，即张开拇指与中指的距离。故一搩手，相当于现在二十余厘米。

② **无难处**：没有虎、狼、狮子乃至蚁子处，没有

巨石、大树及荆棘处，不会被河水淹没之处。

③ **无妨处**：指能容草车回转往来处。

译文

佛在罗阅祇耆阇崛山中。那时，世尊任凭众比丘自己建造房舍。当时，有旷野国的比丘，得知世尊任凭众比丘自己建造房舍，便私自建造大房舍。他建造大房舍，费工用料很多，便常常向众居士索求，请给我能工巧匠，给我车马以及驾车的人，给我木材、竹、草、绳索。因为比丘的乞求过于繁多，当时众居士只要远远看见比丘，就赶快躲避，有的躲入小巷里，有的进入市场，有的回到自己家中，有的低头离去，假装没有看到比丘。为什么会这样呢？因为他们都害怕比丘有所索求。

此时，世尊以无数方便说教呵责比丘的这种不合时宜的索求，无有休止的索求，向众居士强硬地索取的行为。世尊赞赏那些适时、恭顺、正当的乞求行为。然后对众比丘说："旷野比丘是蠢人，在多种世俗烦恼中，最先违犯戒法。从今以后，为众比丘制定戒法，集十句义，以至令佛法久住世间。如有想解说戒法者，就应当这样说：如有比丘，没有施主施与住所，而自己请求建造房屋时，应当有一定的标准限度，符合标准限度的应是：长不过佛的十二搩手，内宽不过七搩手。当其他比丘要求验看建造地方时，这个比丘应明确告诉具体处所，说明这里没有野兽蚁害，没有树、石及荆棘，且不会被河水淹没，这里交通便利，能回转车马。如比丘无施主施与住处，自己建造房舍，在建房工地有野兽、虫蚁、巨石、大树、荆棘及水灾等自然灾害，且交通不便，而当众比丘查验此地时，此比丘又不指示处所，或者比丘建房规模超过规定标准的，都犯僧残罪。"

十三僧残法之七——有主僧不处分房戒

原典

尔时，世尊在拘睒弥国瞿师罗园中。时优填王[①]与尊者阐陀[②]亲友知识，语言："欲为汝作屋，随意所好。何处有好地，堪起房舍，亦任意作。"

报言："大佳。"

尔时，近拘睒弥城有尼拘律神树[③]，多人往反，象马车乘止息其下。时，尊者阐陀往伐此树作大屋。

时，诸居士见，皆讥嫌言："沙门释子无有惭愧，断众生命。外自称言，我知正法。如是何有正法？有如是好树，多人往反，象马车乘止息其下，而斫伐作大屋。"

时，诸比丘闻，中有少欲知足、行头陀、乐学戒、知惭愧者，嫌责阐陀言："有如是好树，多人往反，象马车乘止息其下，云何斫伐作大屋？"尔时，诸比丘呵已，往世尊所，头面礼足在一面坐，以此因缘具白世尊。

世尊尔时以此因缘集诸比丘，知而故问阐陀："汝实尔不？"

答曰："实尔。"

世尊以无数方便呵责："汝所为非，非威仪，非沙门法，非净行，非随顺行，所不应为。有如是好树，多人往反，象马车乘止息其下，云何斫伐作大屋？汝不应斫伐神树，若斫伐得突吉罗[④]。"

世尊以无数方便呵责已，告诸比丘："阐陀痴人，多种有漏处，最初犯戒。自今已去，为诸比丘结戒，集十句义，乃至正法久住。欲说戒者，当如是说：若比丘欲作大房，有主为己作，当将余比丘往指授处所，彼比丘应指授处所，无难处，无妨处。若比丘有难处、妨处，作大房，有主为己作，不将余比丘往看指授处所，僧伽婆尸沙。"

注释

①**优填王**：又称优陀延王，意译日子王、出爱王。为佛世时憍赏弥国之王，因王后笃信佛教，遂成为佛教之大外护。

②**阐陀**：又作车匿、阐那、阐铎迦，意译欲作、应作。为悉达多太子出家逾城时随从驭马者。后出家，恶性不改，人称恶口车匿、恶性车匿。为六群比丘之一。直至佛陀入灭后，阐陀始受默摈法之惩治，遂从阿难学道，而证阿罗汉果。

③**尼拘律神树**：属桑科，形状类似榕树，产于印度、锡兰（今斯里兰卡）等地，高十米乃至十五米。树叶呈椭圆形，枝叶繁茂，然其种子甚小，故佛典常用来比喻由小因而得大果报者。

④**突吉罗**：又作突膝吉栗多，戒律之罪名。意译为恶作、小过、轻垢，乃一切轻罪之总称。于比丘二百五十戒中，属二不定，即谓与女人在隐处或露处对坐，犯嫌疑罪，是属波罗夷还是僧残罪尚不定；百众学，即关于衣、食、说法等礼仪细节之戒；七灭诤，即关于平息僧团纷争之戒。于大乘戒中，凡杀生戒等重禁之外的其余诸罪均为突吉罗罪。

译文

那时,世尊住在拘睒弥国的瞿师罗园中。国王优填王同阐陀比丘交情深厚,优填王对阐陀说:"我想为你建造一处房舍,请你随自己的意愿,什么地方有好地,能建房屋,你可以任意修建。"

阐陀听后说:"太好了!"

当时,在离拘睒弥城不远的地方有一棵尼拘律神树,路上来往行人以及象马车辆经常在树下休息。阐陀比丘为了给自己建造大房屋,便前来砍伐了这棵树。

此时,众居士看到后,都责怪说:"沙门释子没有廉耻之心,做此种对众人不利的事情。在外自称说,我知晓正法。像这样哪里还有正法?有这样的好树,供来往行人及车马在下面休息,可是比丘为了给自己建造大精舍,竟砍伐而去。"

当时,众比丘听到此事,其中有少欲知足、修苦行、学戒法、知廉耻的比丘,呵责阐陀说:"有这样一棵能供来往行人车马乘凉休息的好树,你怎么能因为给自己建造大房就砍伐此树呢?"然后,众比丘就来到世尊的住处,恭敬作礼坐在一边,将此事禀告世尊。

这时,世尊以此事为由召集众比丘,知而故问阐陀说:"你确有此事吗?"

阐陀回答说："是的。"

世尊以无数方便说法呵责阐陀说："你的做法是错误的，不合威仪，不合沙门法，不合净行，不合随顺行，是不应该做的。这样一棵对人们有益处的树，可供来往的行人及车马在下面休息，你怎么能为了造作大屋而砍伐它呢？你实在不应该砍伐这棵神树，砍伐此树则犯突吉罗罪。"

世尊然后告诉众比丘说："阐陀是个蠢人，在多种世俗烦恼中，他最先违犯戒法。从今以后，为众比丘制定戒法，集十句义，以至令佛法久住世间。如有想解说戒法者，就应当这样说：如有比丘想建造大房，有施主为自己修建，当其他比丘查验修建处所时，此比丘应该明确指示处所，说明这里没有野兽、虫蚁、水灾等自然灾祸，且道路畅通。如果比丘有施主为自己修建大房屋，但修建工地有野兽、虫蚁等多种灾祸，且道路不便，当众比丘要查验此地时，此比丘又不指明处所，则犯僧残罪。"

十三僧残法之八——无根重罪谤他戒

原典

尔时，佛在罗阅祇耆阇崛山中。时，尊者沓婆摩罗子①得阿罗汉，在静处思唯，心自念言：此身不牢固，我今当以何方便求牢固法耶？复作是念：我今宜可以力供养，分僧卧具②，差次受请饭食耶。

时，沓婆摩罗子晡时③从静处起，整衣服往至世尊所，头面礼足在一面坐，白世尊言："我向在静处，心作是念：是身不牢固，以何方便求牢固法？我今宁可以力供养，分僧卧具及差次受请饭食耶。"

世尊告诸比丘："差沓婆摩罗子分僧卧具及差次受请饭食。"

时，罗阅祇有客比丘来，沓婆摩罗子即随次第④所应得卧具分与。时，有一长老比丘向暮上耆阇崛山，时尊者沓婆摩罗子手出火光与，分卧具语言：此是房，此是绳床、是木床，是大小蓐、是卧枕、是地敷，是唾壶、是盛小便器，此是大便处，此是净地，此是不净地。

时，世尊赞言："我弟子中分僧卧具者，沓婆摩罗子最为第一。"

时，有慈地比丘⑤来至罗阅城中，时沓婆摩罗子为客比丘分卧具，随上座⁶次第，随应得处与。时，彼慈地比丘众中下座，得恶房、恶卧具，便生嗔恚⁷言："沓婆摩罗子有爱，随所喜者与好房、好卧具，不爱者与恶房、恶卧具。不爱我等，故与我恶房、恶卧具。众僧云何乃差如此有爱者分僧卧具耶？"

时，尊者沓婆摩罗子，夜过已，明日差僧受请饭食。时，罗阅城中有檀越⁸，常为僧一年再作肥美饭食。时，慈地比丘被差次至其家。彼檀越闻慈地比丘次来受食⁹，便于门外敷弊坐具，施设恶食。

时，慈地比丘得此恶食，倍复嗔恚言："沓婆摩罗子有爱，随所喜者与好房、好卧具，所不喜者与恶房、恶卧具。不爱我等，故与恶房、恶卧具。今日以不爱我等，故复差与恶食。云何众僧乃差如是有爱比丘为僧分卧具、差次受请也？"

时，罗阅城中有一比丘尼名曰慈，是慈地比丘妹，闻慈地比丘来至罗阅城中，即至慈地比丘所，在前立问讯："远行劳耶不？疲极耶？"作如是善言问讯。时，慈地比丘默然不答。

比丘尼言："大德，我有何过而不见答？"

彼答言："何须与汝语？为沓婆摩罗子触娆我，而不能助我。"

比丘尼言："欲使我作何等方便，令沓婆摩罗子不触娆大德？"

慈地比丘言："汝伺佛比丘僧会时，便往众中作如是言：大德，此非善非宜非好，不随顺，所不应不合时。我本所凭无有恐惧忧恼，云何今日更生怖惧忧恼？云何水中生火？此沓婆摩罗子乃来犯我。众僧即应和合为作灭摈⑩，如是便不来娆我。"

比丘尼言："此有何难，便可作之。"

时，慈比丘尼往至僧中如上所说。

时，尊者沓婆摩罗子去佛不远，世尊知而故问："汝闻此比丘尼所说不？"

答言："闻。唯世尊当知之。"

世尊告言："今不应作如是报我，若实当言实，若不实当言不实。"

时，沓婆摩罗子闻世尊教已，即从坐起，偏露右臂，右膝着地，合掌白佛言："我从生已来，未曾忆梦中行不净，况于觉悟而行不净！"

世尊报曰："善哉！善哉！沓婆摩罗子，汝应作是说。"

时，世尊告诸比丘："汝等应检问此慈地比丘，莫以无根⑪非梵行谤此沓婆摩罗子比丘清净人。若以无根非梵行谤者，获大重罪。"

诸比丘答言："如是，世尊。"

诸比丘从佛受教，寻至慈地比丘所，检问本末，此事云何为实尔不？莫以无根非梵行谤此沓婆摩罗子清净梵行人，若以无根非梵行谤清净梵行人，得大重罪。

时，慈地比丘得诸比丘诘问已，报言："我知沓婆摩罗子清净梵行人无是事。"

世尊以无数方便呵责慈地比丘已，告诸比丘言："此慈地比丘痴人，多种有漏处，最初犯戒。自今已去，与诸比丘结戒，集十句义，乃至正法久住。欲说戒者，当如是说：若比丘嗔恚所覆故，非波罗夷比丘，以无根波罗夷法谤，欲坏彼清净行。若于异时，若问若不问，知此事无根说，我嗔恚故作是语。若比丘作是语者，僧伽婆尸沙。"

注释

① **沓婆摩罗子**：又作陀罗骠、陀婆，乃佛弟子之一。年十四出家，十六岁证阿罗汉，得六神通，二十岁受具足戒，至王舍城诣佛，为众僧分卧具、饮食。时有慈地比丘因得粗恶饮食而诽谤陀婆，陀婆不为所动，终得佛之信任。

② **卧具**：指床榻、被褥、帏帐、枕等寝具。依《四分律》规定，僧尼卧具禁用蚕丝、羊毛，然边远地

方之比丘得用羺羊皮。又用满六年方可更换新卧具，否则违犯舍堕罪。

③**晡时**：即申时，相当于现在下午三时至五时。

④**次第**：顺序之意。即一切有为法非同时俱转，而有前后顺序者，称为次第。

⑤**慈地比丘**：为佛陀弟子，据《五分律》载，慈与地二比丘为兄弟，而《杂阿含经》则记为慈地比丘一人。慈地比丘福德极薄，分卧具、食物，常得粗恶者，后生恶嗔之心，嗔怨为众僧分卧具、饮食之尊者，遂往其妹比丘尼处，共谋诬告，终受佛呵责。此为十三僧残法中第八无根重罪谤他戒、第九假根谤戒之结制缘由。

⑥**上座**：又称长老、上腊、首座、住位等，指法腊高而居上位之僧尼。《毗尼母经》卷六，就法腊之多少而立下座、中座、上座、耆旧长宿等四阶。以无腊至九腊，称为下座；十腊至十九腊，称为中座；二十腊至四十九腊称为上座。五十腊以上而受国王、长者、出家人所重者，称为耆旧。

⑦**嗔恚**：又作嗔怒，为三毒之一，指怨恨和损害他人的心理，为修学佛道上最大的障害。

⑧**檀越**：即施主，指施与僧众衣食，或出资举行法会等的信众。《增一阿含经》卷二十四谓，施主惠施有五功德：（一）名闻四远，众人叹誉；（二）若至众

中，不怀惭愧，亦无所畏；（三）受众人敬仰，见者欢悦；（四）命终之后，或生天上，为天所敬，或生人中，为人尊贵；（五）智慧远出众人之上，现身漏尽，不经后世。

⑨ **受食**：一般以僧众受檀越之施食称为受食。

⑩ **灭摈**：又作摈出、驱摈，略称摈。戒律中科罪之名，即比丘七种治罚法之一。或指削除僧籍，故又称削籍。比丘犯杀、盗、淫、妄等四重罪而无悔心者，除其僧籍而摈弃之，与世间法律死刑相当。

⑪ **无根**：根，指戒律学上所称三根，即见、闻、疑。见，所见，见犯戒行；闻，所闻，闻犯戒行；疑，虽无见闻，而心疑其有。行布萨时，即以此三根来举罪。除此三根而以余法谤者，则称为无根。

译文

那时，佛在罗阅祇耆阇崛山中。尊者沓婆摩罗子已证得阿罗汉果位，他在静处思忖：我证得此身并不牢固，现在以什么方便之策求得牢固法呢？又想道：我现在何不以自己的气力来作供养，为众僧分配卧具，使他们依次受施主的饮食供养？

午后申时时分，沓婆摩罗子从静处站起，整整衣服来到世尊的住处，恭敬作礼后坐在一边，对世尊说："我曾在静坐处想过，我证得阿罗汉果位并不牢固，能以什么方便之策求得牢固法呢？我决定以自己的气力来作供养，为众僧分配卧具，让他们依次受施主的饮食供养。"

世尊听后即对众比丘说："以后则委派沓婆摩罗子为众僧分配卧具及差遣众僧依次受施主的饮食供养。"

这时，有别处的比丘来到罗阅祇，沓婆摩罗子即依顺序按他们所应得的卧具分配给他们。有一长老比丘傍晚时分才上耆阇崛山，沓婆摩罗子将灯火照明用具给予他，又在分配卧具时一一安排说：这里是房，这是绳床、木床，是大小褥、卧枕、坐具，是唾壶、盛小便器，这里是大便处，此处是清净地，此处是不净地等。

当时，世尊知道后称赞说："在我众多为僧众分配卧具的弟子中，沓婆摩罗子可算得上是第一。"

这时，有名叫慈地的比丘来到罗阅城中，沓婆摩罗子即为来的客僧分配卧具，依照他们的出家年限多少而所应得的待遇分配给他们。当时，慈地比丘在众多客僧中属出家年限最少的下座，只能住次等的房间，使用次等的卧具。慈地比丘便心生怨恨说："沓婆摩罗子有偏爱之心，他所喜欢的人便分配给好房间、好卧具，他不喜欢的人则分给次等房屋、次等卧具。不喜欢我们，便分给次房、次卧具。众僧为什么要委派这种有偏爱之心的人分配众僧卧具呢？"

第二天，沓婆摩罗子又差遣众僧去施主家受饮食供养。当时，罗阅城中有一个施主，常年为比丘设置色香味美的饮食。今天正好慈地比丘被依次差至他家受请。这个施主得知慈地比丘来受食，便在门外铺陈了破旧的坐具，施设了劣质下等的饮食。

慈地比丘受此劣质下等饮食后，更加怨恨地说："沓婆摩罗子有偏爱之心，他所喜欢的人便分配给好房、好卧具，他不喜欢的人则分给次等房间、次等卧具。不喜欢我们，便分给次房、次卧具。今天又因这个缘故，差我受这样劣等的饮食。众僧为什么要委派这种有偏爱之心的人来分配众僧卧具、分派众僧去施主家受食呢？"

此时，罗阅城中有一慈比丘尼，是慈地比丘的妹妹，得知慈地比丘来到罗阅城中，便来到慈地比丘的住处，合掌低头问道："远行劳累，很疲倦吧？"对慈比丘尼的善语请安，慈地比丘一言不发。

比丘尼又问道："大德，我是否有什么过错而使您不愿搭理我呢？"

慈地比丘回答说："何须向你说呢？因为沓婆摩罗子给我难堪，而你又不能帮助我。"

慈比丘尼说:"您让我怎么办,才能使沓婆摩罗子不烦扰大德呢?"

慈地比丘说:"你待佛与众比丘聚会时,便到众比丘中这样说:大德,此事不合善法,不合时宜,不合随顺行,是不应该做的。我本来心安神定,无烦恼、无恐惧,为什么今天却更怀恐惧烦恼?为何水中反倒生出火来?因为沓婆摩罗子比丘来触犯我。请众僧议决,除其僧籍,逐出僧团,这样我便可以安心修道了。"

慈比丘尼听后说:"这有何难,我马上便可以做到。"

当时,慈比丘尼便前往众比丘中讲了慈地比丘所教的话。

此时,沓婆摩罗子坐在离佛不远处,世尊知而故问他说:"你听到这个比丘尼说的话了吗?"

沓婆摩罗子回答说:"听到了。希望世尊能明察此事。"

世尊说:"现在不应用这样的话来回答我,如有此事就应说有,如无此事则应说无。"

沓婆摩罗子听了世尊的话,便从座位上站起来,偏袒右肩,右膝着地,合掌恭敬地对世尊说:"我从生下来到现在,未曾记得在睡梦中行淫欲,何况在觉醒时做这样的事!"

世尊听后对他说:"是的!是的!沓婆摩罗子,你是应该这样说。"

当时，世尊对众比丘说："你们应前去查问一下慈地比丘，莫要以虚构的根本罪来诽谤沓婆摩罗子比丘这样的清净人。如以虚构的无事实的根本罪来诽谤别的比丘，就要获大重罪。"

众比丘回答说："是的，世尊。"

众比丘依照佛的指示，寻至慈地比丘的住处，查问此事的始末，这件事是真实的吗？莫要以虚构的根本罪名来诽谤沓婆摩罗子这样修净行的人，如以虚构的无事实的根本罪来诽谤别人，是要获大重罪的。

此时，慈地比丘在众比丘的追问下，只好如实说："我知道沓婆摩罗子是修净行的人，并没有这样的事情。"

世尊以无数方便说教呵责慈地比丘后，对众比丘说："慈地比丘是蠢人，在多种世俗烦恼中，最先违犯戒法。从今以后，为众比丘制定戒法，集十句义，以至让佛法久住世间。如有想解说戒法者，就应当这样说：如有比丘因为怨恨的缘故，对于没有犯根本罪的比丘，以虚构的根本罪名诽谤，来破坏别人的清净修行。若事后，有人问，或不问，知道此事纯属捏造，这个比丘说，我是因为怨恨他，才编造出这样的话。捏造根本罪名诽谤别人的比丘，犯僧残罪。"

十三僧残法之九——假根谤戒

原典

佛在罗阅祇耆阇崛山中。时，慈地比丘从耆阇崛山下见大羝羊共母羊行淫，见已自相谓言：此羝羊即是沓婆摩罗子，母羊即是慈比丘尼。我今当语诸比丘言，我先以闻无根法谤沓婆摩罗子，我等今亲自眼见沓婆摩罗子实与慈比丘尼行不净。即便往诣诸比丘所言："我等前面以无根波罗夷谤沓婆摩罗子，今亲自眼见沓婆摩罗子与慈比丘尼行淫。"

诸比丘言："此事云何？汝等莫以无根法谤沓婆摩罗子修梵行人，以无根法谤梵行人得重罪。"

尔时，慈地比丘得诸比丘诘问已，便作是言："沓婆摩罗子无有此事，是清净人。我等向者从耆阇崛山下，见诸羝羊与母羊行淫，我等即自相谓言，此羝羊是沓婆摩罗子，母羊是慈比丘尼，我等今日目自见之，当向诸比丘说言。我本已闻无根法谤沓婆摩罗子，今眼自见共慈比丘尼行淫。然此沓婆摩罗子是清净人，实无此事。"

诸比丘闻已，中有少欲知足、行头陀、乐学戒、知惭愧者，嫌责慈地比丘："汝等云何以异分无根波罗夷谤沓婆摩罗子清净人？"诸比丘即往世尊所，头面礼足在一面坐，以此因缘具白世尊。

世尊以此因缘集比丘僧，以无数方便呵责慈地比丘："汝等所为非，非威仪，非沙门法，非净行，非随顺行，所不应为。沓婆摩罗子修梵行，汝等云何以异分无根波罗夷谤沓婆摩罗子清净人？"

呵责已，告诸比丘："慈地比丘痴人，多种有漏处，最初犯戒。自今已去，与诸比丘结戒，集十句义，乃至正法久住。欲说戒者，当如是说：若比丘以嗔恚故，于异分事中取片，非波罗夷比丘，以无根波罗夷法谤，欲坏彼清净行。彼于异时，若问若不问，知是异分中取片，是比丘自言，我嗔恚故作是语。作是语者，僧伽婆尸沙。"

译文

佛住在罗阅祇耆阇崛山中。当时，慈地比丘在耆阇崛山下看到大公羊与母羊行淫，便说：这个公羊就是沓婆摩罗子，母羊即是慈比丘尼。我现在应该告诉众比丘说，我先前那是以捏造的罪名诽谤沓婆摩罗子，但我今天却是亲眼所见，沓婆摩罗子确实在与慈比丘尼行淫。然后便来到众比丘住处说："我先前是虚构根本罪名诽谤沓婆摩罗子，但我今天却是亲眼看到沓婆摩罗子同慈比丘尼行淫。"

众比丘说："确有此事吗？你不要又以虚构根本罪名来诽谤沓婆摩罗子这样的清净人，以虚构根本罪名诽谤清净人是要获重罪的。"

此时，慈地比丘在众比丘的追问下，只好说："沓婆摩罗子没有这样的事，他是清净人。我先前在耆阇崛山下，看到公羊与母羊行淫，便说：这个公羊就是沓婆摩罗子，母羊就是慈比丘尼，今天亲眼所见，应当告诉众比丘知道。我本来已知道，不能捏造罪名诽谤沓婆摩罗子，但今天亲眼看见他与慈比丘尼行淫。然而沓婆摩罗子是戒行清净的人，实际上并没有这种事。"

众比丘听后，其中有少欲知足、修苦行、学戒法、知廉耻的比丘，责怪慈地比丘说："你为什么要用别的事情附会于根本罪来诽谤沓婆摩罗子这种戒行清净的人呢？"众比丘即来到世尊的住处，恭敬作礼后坐在一边，将此事告诉了世尊。

世尊以此事为由召集众比丘，以无数方便说教呵责慈地比丘说："你的做法是错误的，不合威仪，不合沙门法，不合净行，不合随顺行，是不应做的。沓婆摩罗子修持净行，你为什么要将别的事实附会于根本罪来诽谤戒行清净的沓婆摩罗子呢？"

然后世尊对众比丘说:"慈地比丘是个蠢人,在多种世俗烦恼中,最先违犯戒法。从今以后,为众比丘制定戒法,集十句义,以至让佛法久住世间。有想解说戒法者,就应当这样说:如有比丘因怨恨的缘故,取别的事实附会于根本罪,对未犯根本罪的比丘,以捏造的根本罪名来诽谤,企图毁坏别人的清净戒行。若事后,或有人问,或不问,知道是牵强附会,纯属捏造,这个比丘说,我是因为怨恨他,才捏造出这样的话。取别的事实附会于根本罪以诽谤别人的比丘,犯僧残罪。"

十三僧残法之十——破僧违谏戒

原典

尔时,提婆达①既教人害佛,复教阿阇世②害父,恶名流布,利养断绝。时提婆达通己五人家家乞食。一名三闻达多,二名骞荼达婆,三名拘婆离,四名迦留罗提舍,及其身为五。

时,诸比丘闻提婆达教人害佛,复教阿阇世害父,恶名流布,利养断绝,通己五人家家乞食。往世尊所头面礼足在一面坐,以此因缘具白世尊。

世尊即集大众,知而故问提婆达言:"汝实将四人家家乞食耶？"

答言："如是，世尊。"

世尊尔时以无数方便呵责提婆达："汝所为非，非威仪，非沙门法，非净行，非随顺行，所不应为。汝云何别将四人家家乞食耶？我无数方便说应慈愍白衣家，汝今云何别将四人家家乞食。"

时，世尊以无数方便呵责提婆达已，即告诸比丘："自今已去，不得别众③食，听齐三人食。所以然者，有二事利故，为摄难调故，为慈愍白衣家故。何以故？恐彼难调人故，自结别众，以恼众僧。"

提婆达即生此念：未曾有瞿昙④沙门乃断人口食！我宁可破彼僧轮，我身灭后可得名称言：沙门瞿昙有大神力⑤，智慧无碍，而提婆达能破彼僧轮。

时，提婆达即往伴比丘所，语言："我等今可共破彼僧轮。我等死后可得名称言：沙门瞿昙有大神力，智慧无碍，而提婆达能破彼僧轮。"

时，提婆达伴，名三闻达多，智慧高才，即报言："沙门瞿昙有大神力，及其弟子徒众亦复如是，我等何能得破彼僧轮？"

提婆达言："如来常称说头陀少欲知足乐出离者，我今有五法，亦是头陀胜法少欲知足乐出离者。尽形寿⑥乞食，尽形寿着粪扫衣⑦，尽形寿露坐⑧，尽形寿不食酥盐，尽形寿不食鱼及肉。我今持此五法教诸比丘，足令信乐。当语诸比丘言：世尊无数方便叹誉头陀少欲知足乐出离者，我等今有五法，亦是头陀胜法。尽形寿乞食，乃至不食鱼及肉，可共行之。年少比丘必多受教，上座比丘恐不信受，由此方便故得破其僧轮。"

时，三闻达多语提婆达言："若作如是，足得破彼僧轮。"

尔时，众多比丘闻提婆达以五法如是教诸比丘，令其信乐，广说如上。诸比丘闻已，往至世尊所，头面礼足在一面坐，以此因缘具白世尊。

时，世尊以此因缘集比丘僧，知而故问提婆达言："汝实欲以五法教诸比丘不？"广说如上。

对曰："如是，世尊。"

时，世尊以无数方便令提婆达破僧⑨心暂息，以无数方便呵责提婆达已，告诸比丘："自今已去，为诸比丘结戒，集十句义，乃至正法久住。欲说戒者，当如是说：若比丘欲坏和合僧⑩，方便受坏和合僧法，坚持不舍。彼比丘应谏是比丘，大德，莫坏和合僧，莫方便坏和合僧，莫受坏僧法，坚持不舍。大德，应与僧和合。与僧和合，欢喜不诤，同一师学，如水乳合，于佛法中有增益⑪安乐住。是比丘如是谏时，坚持不舍，彼比丘应三谏，舍此事故，乃至三谏时，舍者善，不舍者僧伽婆尸沙。"

注释

① **提婆达**：又作提婆达多、调达，略称提婆，意译作天热、天授、天与。为佛世时犯五逆罪、破坏僧团、与佛陀敌对的恶比丘。为释迦牟尼佛叔父斛饭王之子，阿难的兄弟。佛陀成道后，随佛陀出家，后因未得圣果而退转其心，渐生恶念，欲学神通得利养，佛陀不许，遂至十力迦叶处习神通力，受摩揭陀国阿阇世太子供养，欲代佛陀领导僧团而不得。

此后率五百徒众脱离僧团，自称大师，制定五法，遂破僧伽之和合。又投石欲迫害佛陀，碎石伤佛足出血，放狂象害佛亦不成。并扑打莲花色比丘尼至死。后于十指爪中置毒，欲礼佛足时伤佛，但佛足坚固如岩，提婆反自破手指而命终。自古以破和合僧、出佛身血、放狂象、杀莲花色比丘尼、十爪毒手等五事为提婆之五逆罪。

② **阿阇世**：为佛世时中印度摩揭陀国频婆娑罗王之子。做太子时，受提婆达多唆使，幽禁父王于地牢，欲致之死。即位后，吞并诸小邻国，奠定印度统一之基础。后因弑父之罪而遍体生疮，至佛前忏悔即平愈，遂皈依佛。佛陀灭度后，为佛教教团的大护法。

③ **别众**：又称别羯磨。于同一结界内，僧团中有

少数僧侣脱离大众另行"作法",称为别众、别羯磨。行别羯磨者,称为别众僧。另据《四分律》卷四十四载,佛告诸比丘,僧有四种,即四人僧、五人僧、十人僧、二十人僧等。早期之"僧"系以四位出家人为和合众之基本单位,而称仅二三位出家人之小团体为别众。

④ **瞿昙**:为印度刹帝利种中之一姓,即释迦牟尼佛所属之姓。又作乔答摩、俱谭、瞿答摩,意译作地最胜、泥土、地种。《法华文句》卷一说:"瞿昙,此言纯淑,亦名舍夷;舍夷者,贵姓也。"

⑤ **神力**:又称神通力,指佛菩萨所示现的种种神变不可思议之力。诸经中,多处载有佛菩萨显现神力之说,如《法华经》卷六《如来神力品》谓,世尊常于百亿万人天众前,现大神力,出广长舌至于上梵世,其一切毛孔均放出无量无数色光,悉皆遍照十方世界。

⑥ **尽形寿**:形,具有形体样相之色身;寿,寿命、寿限。尽形寿,指过完此一期有形体、有寿限之有限生命。

⑦ **粪扫衣**:又作衲衣、百衲衣。即撷取被舍弃于粪尘中之破衣碎布,洗后做成的袈裟。粪扫衣之种类,因律典而异,据《十诵律》卷二十七载,共有四种:(一)包裹死者而弃于墓地之冢间衣;(二)包裹死者而布施给比丘之出来衣;(三)在聚落中,置于空地无所属者之无主衣;(四)舍弃于巷陌、冢间或粪尘之中敝

物，称为土衣。另于《四分律》卷三十九举出牛嚼衣、鼠啮衣、烧衣、月水衣、产妇衣、神庙中衣、若鸟衔风吹离处者冢间衣、求愿衣、受王职衣、往还衣等，称为十种粪扫衣。

⑧**露坐**：十二头陀行之一，谓于露地坐禅修行。《四分律行事钞》卷下引《大智度论》谓，露地坐可免于爱着荫覆凉乐，易入空定。又据《大乘义章》卷十五载：树下荫湿，久居易致疾患，故坐于露地。

⑨**破僧**：即破坏和合之僧伽，为五逆罪之人。可分二种：（一）破法轮僧，立邪法以破坏听闻佛陀教法之和合僧；（二）破羯磨僧，在同一结界内，别立羯磨，以破坏僧伽之和合。

⑩**和合僧**：又作和合众，略称和僧、和众。指比丘、比丘尼入佛门，同持戒，同修行，和合一处。据《大乘法苑义林章》卷六载，僧众分为三种，即理和合僧、事和合僧、辨事僧等，三者协调，共营僧团生活。又僧众和合也称为"和合海"，乃比喻僧众之量无限，犹如海之深广。

⑪**增益**：意译作究竟、圆满、成就、吉祥、息灾、忆念。为真言密咒中最后所附之语句，亦是古来印度在供神时，祈求幸福吉祥所唱念之赞叹语。

译文

那时，提婆达既教唆人谋害佛，又唆使阿阇世太子迫害父亲，声名狼藉，致使无人布施，利养断绝。提婆达便领他的同伙共五人，挨门挨户地乞食。这五人是：一名三闻达多，二名骞荼达婆，三名拘婆离，四名迦留罗提舍，以及提婆达自身。

当时，众比丘听说提婆达因教唆人谋害佛，又唆使阿阇世太子迫害父亲，致使声名狼藉，无人施与，利养断绝，提婆达等五人便挨门挨户乞食。众比丘来到世尊的住处，恭敬作礼后坐在一边，将此事禀告世尊。

世尊即召集众比丘，知而故问提婆达说："你确实带领四个人挨门挨户地乞食吗？"

提婆达回答说："确实如此，世尊。"

此时，世尊即以无数方便说法呵责提婆达说："你的做法是错误的，不合威仪，不合沙门法，不合净行，不合随顺行，是不应该做的。你为什么要另外带领四人挨家挨户乞食呢？我曾无数次地说过要以慈爱之心去对待在俗人家，你现在怎么能另外带领四人挨家挨户乞食呢？"

世尊呵责提婆达后，对众比丘说："从今以后，不得四人以上一同乞食，只准许三人以下乞食。之所以要这样规定，主要有二种利益，能够治罚或折伏难调伏的人，能够以慈爱心来对待在俗人家。为什么这样说呢？主要担心那些难调伏的人，私自结成小团体，与众比丘发生摩擦纠纷。"

提婆达听后，心中不满道：哪里有像释迦沙门这样断人口食的！我宁可破坏僧团的和合，我死后也会留名千古，人们将赞叹说：虽然释尊有神通力，智慧无比，但提婆达却能破坏其和合的僧团。

此时，提婆达即往同党比丘的住处，对他们说："我们现在可以破坏释尊和合的僧团。即使我们死后也会被人们赞叹说：虽然释尊有神通力，智慧无比，但提婆达却能破坏其和合的僧团。"

提婆达有一个名叫三闻达多的同党比丘，头脑灵活，很有智慧，听后即说："释尊有大神通力，他的众多弟子也是如此，我们怎么能破坏其和合的僧团呢？"

提婆达说："如来常常赞叹少欲知足，舍弃世俗欲望的苦行者，我现在也有五法，同样是少欲知足、舍弃欲望、修习苦行的殊胜妙法。这五法是：终此一生乞食，终此一生穿着粪扫衣，终此一生于露地坐禅修行，终此一生不食酥盐，终此一生不食鱼和肉。我现在用此五法来教导众比丘，他们一定愿意信守。可以这样对众比丘说：世尊以无数方便赞叹少欲知足、愿舍世俗欲望的苦行者，我现在五法，也是修习苦行的妙法，毕生乞食，以至不食鱼和肉，我们可以共同修持。这样，年轻资浅的比丘肯定多有信受的，而年老资深的比丘恐怕不肯信受，由此方式便可分解破坏释尊和合的僧团。"

三闻达多听了提婆达的话说："如果能这样，就一定会破坏释尊和合的僧团。"

此时，众比丘得知提婆达用五法教诲众多比丘，让他们修持信守，如上面所说。众比丘便来到世尊的住处，恭敬作礼后坐在一边，将此事禀告世尊。

世尊即以此事为由召集众比丘，知而故问提婆达说："你确实用五法来教导众多比丘吗？"如上面所说。

提婆达回答说："是的，世尊。"

当时，世尊以各种权宜之法，使提婆达破坏和合僧团的念头暂时打消，又以无数方便之教呵责提婆达，然后对众比丘说："从今以后，为众比丘制定戒法，集十句义，以至令佛法久住世间。如有想解说戒法者，应当这样说：如有比丘想要破坏和合僧众，方便接受破坏和合僧众的邪法，并坚持此事，不肯舍弃。其他比丘应规劝这一比丘说：大德，莫要破坏和合僧众，莫以权宜之法破坏和合僧团，莫要信受并坚持不舍破坏僧众和合的邪法。大德，应当同众比丘和合。与僧众和合，欢喜共住，不生争执，共同修持佛法，这好比水乳交融，能使佛法周流普遍，僧众和合安乐。这个比丘听到这些规劝，如仍然坚持自己的做法，不肯舍弃，其他比丘应再三规劝，令其舍弃破坏僧众和合的邪法。再三规劝后，此比丘如能够舍弃邪法，是如法的选择。此比丘如仍旧不肯舍弃邪法，则犯僧残罪。"

十三僧残法之十一——助破僧违谏戒

原典

佛在罗阅祇耆阇崛山中。时，提婆达故执此五法，复往教诸比丘言："世尊以无数方便常叹说头陀少欲知足乐出离者，尽形寿乞食、着粪扫衣、露坐、不食酥盐、不食鱼及肉。"

时，诸比丘语提婆达言："汝莫破和合僧，莫住破僧法，坚持不舍。何以故？与僧和合，欢喜不诤，同一水乳，于佛法中有增益安乐住。"

时，提婆达伴党方便助破和合僧比丘，语诸比丘言："汝莫呵提婆达所说，提婆达是法语[①]比丘、律语[②]比丘，提婆达所说我等忍可。"

诸比丘闻，中有少欲知足、行头陀、乐学戒、知惭愧者，嫌责提婆达伴党比丘："汝等云何言提婆达是法语比丘、律语比丘，提婆达所说我等忍可？"诸比丘嫌责已，往世尊所，头面礼足在一面坐，以此因缘具白世尊。

世尊以此因缘集比丘僧，无数方便呵责提婆达伴党比丘："自今已去，与诸比丘结戒，集十句义，乃至正法久住。欲说戒者，当如是说：若比丘有余伴党若一、若二、若三，乃至无数，彼比丘语是比丘，大德，莫谏此比丘，此比丘是法语比丘、律语比丘，此比丘所说我等喜乐，此比丘所说我等忍可。彼比丘言，大德，莫作是说，言此比丘是法语比丘、律语比丘，此比丘所说我等喜乐，此比丘所说我等忍可。然此比丘非法语比丘，非律语比丘。大德，莫欲破坏和合僧，汝等当乐欲和合僧。大德，与僧和合欢喜不诤，同一师学，如水乳合，于佛法中有增益安乐住。是比丘如是谏时，坚持不舍，彼比丘应三谏，舍是事故，乃至三谏，舍者善，不舍者僧伽婆尸沙。"

注释

① **法语**：即说示正法之言语，又指佛陀之教说。如来宣讲正法，则被称为"法语者"。故依循道理宣说正法，即谓说法语。

② **律语**：即讲说佛制律法之言语。

译文

佛在罗阅祇耆阇崛山中。当时,提婆达仍旧固执五法,又前去教导众比丘说:"世尊以无数方便之教常常赞叹少欲知足、愿舍世俗欲望的苦行者,毕生乞食、穿着粪扫衣、露地坐禅修行、不食酥盐、不食鱼及肉。"

众比丘对提婆达说:"你不要破坏和合僧众,不要固执破坏僧众和合的邪法,坚持不肯舍弃。为什么呢?因为与众僧和合,欢喜共住,不生争执,如同水乳交融,能使佛法周流普遍,僧众和合安乐。"

此时,协助提婆达破坏和合僧团的同党比丘,对众比丘说:"你们不要呵责提婆达所说的话,提婆达是宣讲正法的比丘,是宣讲律法的比丘,提婆达所说的话,我们是愿意接受的。"

众比丘听了,其中有少欲知足、修苦行、学戒法、知廉耻的比丘,责怪提婆达的同党比丘说:"你们怎么能说提婆达是宣讲正法、律法的比丘,提婆达所说的话我们接受呢?"然后,众比丘来到世尊的住处,恭敬作礼后坐在一边,将此事禀告世尊。

世尊即以此事为由召集众僧,以无数方便之教呵责提婆达的同党比丘:"从今以后,为众比丘制定戒法,集十句义,以至令佛法久住世间。如有想解说戒法者，就应当这样说：如比丘有同党比丘一个、两个、三个，以至无数，这些同党比丘对其他比丘说：大德，你们不要规劝这个比丘，这个比丘是宣讲正法、律法的比丘。该比丘所宣说的我们都喜听愿闻，该比丘所讲说的我们也接受。其他比丘对这些同党比丘说：大德，不要说这样的话，说这个比丘是宣讲正法、律法的比丘，这个比丘所宣说的我们都喜听愿闻，都愿意接受。但这个比丘并非宣说正法、律法的比丘。大德，不要破坏和合僧众，你们应当喜欢众僧和合。大德，与众僧和合，欢喜共住，不生争执，共同修习，如同水乳交融，能使佛法周流普遍，众僧和合安乐。这些同党比丘听了规劝后，仍然坚持自己的做法，不肯舍弃，其他比丘应再三规劝，令其舍去追随提婆达破坏和合僧团的做法。再三规劝后，能够舍弃这种做法的比丘，是如法的选择。仍旧不肯舍弃的比丘，则犯僧残罪。"

十三僧残法之十二——污家摈谤违僧谏戒

原典

尔时，佛在舍卫国祇树给孤独园①。时，鞞连有二比丘，一名阿湿婆，二名富那婆娑。在鞞连行恶行②，污他家[3]。

世尊尔时以无数方便遥呵责阿湿婆、富那婆娑二比丘："汝所为非，非威仪，非沙门法，非净行，非随顺行，所不应为。云何阿湿婆、富那婆娑，在鞞连污他家，行恶行？污他家，亦见亦闻；行恶行，亦见亦闻，乃至受雇戏笑。"

时，世尊以无数方便呵责已，告舍利弗、目连[4]："汝等二人往鞞连与阿湿婆、富那婆娑作羯磨[5]。"

时，舍利弗、目连即为鞞连诸居士说法，令得信乐。时，尊者舍利弗、目连食讫，洗钵还至住处，以此因缘集比丘僧。集僧已，为阿湿婆、富那婆娑作举[6]；作举已，为作忆念[7]；作忆念已，与罪[8]。时，舍利弗在众中即作羯磨，如上说。

时，阿湿婆、富那婆娑僧为作羯磨时，作是言："众僧有爱、有恚、有怖、有痴，更有余同罪比丘，有驱者，有不驱者，而独驱我。"

时，舍利弗、目连在鞞连为阿湿婆、富那婆娑作羯磨已，还舍卫国祇树给孤独园，至世尊所，头面礼足在一面坐。一面坐已，白佛言："我等已于鞞连与阿湿婆、富那婆娑作摈羯磨已。众僧作摈羯磨时，阿湿婆、富那婆娑作如是言：众僧有爱、有恚、有怖、有痴，有如是同罪比丘，有驱者，有不驱者。"

尔时，世尊以无数方便遥呵责阿湿婆、富那婆娑。

"自今已去，与诸比丘结戒，集十句义，乃至正法久住。欲说戒者，当如是说：若比丘依聚落，若城邑住，污他家，行恶行。污他家，亦见亦闻；行恶行，亦见亦闻。诸比丘当语是比丘言：大德，污他家，行恶行。污他家，亦见亦闻；行恶行，亦见亦闻。大德，汝污他家，行恶行，今可远此聚落去，不须住此。是比丘语彼比丘作是语：大德，诸比丘有爱、有恚、有怖、有痴，有如是同罪比丘，有驱者，有不驱者？诸比丘报言：大德，莫作是语，有爱、有恚、有怖、有痴，有如是同罪比丘，有驱者，有不驱者。而诸比丘不爱、不恚、不怖、不痴。大德，污他家，行恶行。污他家，亦见亦闻；行恶行，亦见亦闻。是比丘如是谏时，坚持不舍者，彼比丘应再三谏，舍此事故，乃至三谏，舍者善，不舍者僧伽婆尸沙。"

注释

① **祇树给孤独园**：印度佛教圣地之一。略称祇园、祇园精舍或祇洹精舍。祇树为祇陀太子所有树之略称。给孤独，舍卫城长者须达多的异称。因其怜悯孤独，周济贫寒，故得美称给孤独。须达多欲为佛及僧团建立精

舍，便向太子祇陀求购花园。祇陀戏曰：倘以金砖铺满此园，便可与汝。长者即倾其库藏，购地以造精舍。太子感其诚，将园中树木奉献给佛。俩人共同成就了此功德，因而以二人名字命名此精舍，称祇树给孤独园。佛陀曾多次在此说法，与王舍城的竹林精舍并称为佛教最早的两大精舍。

② **行恶行**：行一切不良之行为。《四分律删繁补阙行事钞》卷中谓：行恶行者，自种花果树，及以灌溉；自摘花作蔓与人；在村落中，与女人同床坐，同一器食，言说戏笑，歌舞倡伎；作不清净行，又得恶果，即名恶行。

③ **污他家**：即污家。据《四分律删繁补阙行事钞》卷中载：比丘若有所求，以种种物赠于在家人，使得物者欢喜，产生报恩之心，不得物者闻之不欢喜。如此行为除有损平等之施心外，更能破坏在家人之净信心，故称为污家。

④ **目连**：为佛陀十大弟子之一。又作摩诃目犍连、大目犍连、大目连，意译天抱。为古印度摩揭陀国王舍城外拘律陀村人，属婆罗门种姓。与舍利弗共同皈依佛陀后，精进修道，成为诸弟子中之上首，辅助佛陀之教化，侍佛左侧。传说神通广大，能飞上兜率天，故被称为"神通第一"。

⑤ **羯磨**：意译为业或办事。指僧团按照戒律的规定，处理僧侣个人或僧团事务的各种活动。羯磨之内容包含法（羯磨之做法）、事（有关羯磨之所有事实）、人（与羯磨有关之人）、界（行羯磨之场所）等四者，一般称为羯磨四法：（一）法：有心念法，即自己独自心想口念之法，适用于忏悔微小罪障之情况。对首法，指面对同法者二三人申白之法。众僧法，指向四人以上申白之法，适用于布萨、自恣或受戒等重要行事之情况。（二）事：有有情事，即有关众生之事；非情事，指有关三衣一钵等无生物之事；二合事，若合有情、非情两方面之事，即为二合事。（三）人：分为一人、二三人及四人以上。（四）界：指进行羯磨的场所。有作法界，即大界、小界和戒场；自然界，即寺院、兰若、聚落等。

⑥ **作举**：为自恣作法之一。夏安居最后一日为自恣日，于此日中，特请僧众中有德者，举发安居期间比丘之犯罪，其人乃举罪告僧，称为作举。

⑦ **忆念**：深刻于心内，记忆而不忘，称为忆念。

⑧ **罪**：罪有五逆罪和十恶罪，统称为二罪。属本质上的罪恶行为者，称为性罪，如杀、盗、淫、妄罪。而于本质上并无罪恶可言，仅违犯佛所制之禁戒者，称为遮罪，如饮酒等。另外，僧尼所犯之一切罪以轻重之别，可分为五篇：（一）波罗夷罪，即淫、盗、杀、妄

四重罪。(二)僧残罪,有十三罪。(三)波逸提罪,包括三十舍堕和九十单提。(四)提舍尼罪,如于兰若受食等四事。(五)突吉罗罪,分为百众学和七灭诤法。此外,于身、口、意三业中,以意业之恶为大罪;一切烦恼中,以邪见为大罪;一切恶行中,以破僧罪为最重。

译文

那时,佛住在舍卫国的祇树给孤独园。鞞连有两个比丘,一个名叫阿湿婆,一个名叫富那婆娑。他们二人在鞞连城做一切不良行为,损坏在家人的净信心。

世尊以无数方便之教呵责远在鞞连的阿湿婆、富那婆娑二人:"你们的所作所为是错误的,不合威仪,不合沙门法,不合净行,不合随顺行,是不应该做的。为什么阿湿婆、富那婆娑,你们在鞞连要做一切不良行为,损害在家人的净信心呢?你们做非法行为,有人目睹,也有人耳闻;你们损害在家人的净信心,亦有人目睹,有人耳闻,以至于为人受雇言说戏笑。"

然后,世尊对舍利弗、目犍连二大弟子说:"你们二人前往鞞连城,按照戒律规定,处理阿湿婆、富那婆娑的事。"

舍利弗、目犍连到鞞连后,即为这里的众居士演说佛法，使他们对佛法欢喜信乐。此时，尊者舍利弗、目犍连吃过饭后，洗了钵具，返回住处，召集众比丘来处理阿湿婆和富那婆娑的事。众比丘集齐后，即举发阿湿婆和富那婆娑所犯的过错，又为做忆念、忏悔，然后给予定罪。当时舍利弗在众僧中做羯磨，如上所说。

阿湿婆、富那婆娑在众比丘为其做羯磨时说："众比丘有爱欲、有怨恨、有恐怖、有愚痴者，以及其他同罪的比丘，为什么有被驱逐者，也有未被驱逐者，却单单驱逐我们呢？"

舍利弗和目犍连在鞞连为阿湿婆、富那婆娑做过羯磨后，便返回舍卫国的祇树给孤独园，来到世尊的住处，恭敬作礼后坐在一边，然后对佛说："我们已经在鞞连城为阿湿婆、富那婆娑做灭摈羯磨。当众僧做灭摈羯磨时，阿湿婆和富那婆娑曾这样说：众比丘有爱欲、有怨恨、有恐怖、有愚痴者，还有其他同罪比丘，有被驱逐者，也有未被驱逐者。"

此时，世尊以无数方便之教呵责远方的阿湿婆、富那婆娑。

世尊对众比丘说："从今以后，为众比丘制定戒法，集十句义，以至让佛法久住世间。如有想解说戒法者，就应当这样说：如有比丘住在聚落，或住在城邑，损害在家人的净信心，做一切不良行为。他做这一切时，既有人目睹，也有人耳闻。众比丘就应当对这个比丘说：大德，你损害在家人的净信心，做一切不良行为，都有人耳闻目睹。大德，你现在做了这一切不净行，你应该离开这个地方，不应该住在这里。这个比丘听了众比丘的话，就说：大德，众比丘中有爱欲、有怨恨、有恐怖、有愚痴者，还有其他同罪比丘，但为何有被驱逐者，有不被驱逐者？众比丘回答他说：大德，不要说这样的话，说众比丘中有爱欲、有怨恨、有恐怖、有愚痴者，还有其他同罪比丘，有被驱逐者，有不被驱逐者。但实际上众比丘不爱、不恨、不惧怕、不愚蠢。大德，你损害了在家人的净信心，做了违犯净行的不良行为，你所做的这一切，都有人耳闻目睹。在众比丘这样规劝后，此比丘仍旧坚持自己的做法，而不悔改，众比丘应再三规劝，让其悔改自己的做法。再三规劝后，能够舍弃这种做法的比丘，就是如法的选择。如果仍旧不肯舍弃的比丘，则犯僧残罪。"

十三僧残法之十三——恶性拒僧违谏戒

原典

尔时，佛在拘睒毗国瞿师卫园[1]。时，尊者阐陀比丘，恶性不受人语。语诸比丘言："汝莫语我若好若恶，我亦不语诸大德若好若恶。"

诸比丘白佛，佛言："若有余比丘，恶性不受人语者，僧亦当与作如是呵谏白四羯磨②。自今已去，与诸比丘结戒，集十句义，乃至正法久住。欲说戒者，当如是说：若比丘恶性不受人语，于戒法中诸比丘如法谏已，自身不受谏语，言：诸大德，莫向我说若好若恶，我亦不向诸大德说若好若恶，诸大德且止，莫谏我。彼比丘谏比丘言：大德，莫自身不受谏语，大德自身当受谏语。大德如法谏诸比丘，诸比丘亦如法谏大德。如是佛弟子众得增益，展转相谏，展转相教，展转忏悔③。是比丘如是谏时，坚持不舍，彼比丘应三谏，舍是事故，乃至三谏，舍者善，不舍者僧伽婆尸沙。"

注释

① **瞿师卫园**：又作瞿师罗园精舍、美音精舍。位于古代中印度憍赏弥国。即瞿师卫长者建精舍奉施释尊的园林，佛陀于此曾说法数年。

② **白四羯磨**：又作白四、白四法、一白三羯磨。白，即告白之意；羯磨，意译为业、做法等。白四羯磨指僧中所行事务，如授戒之做法，规定受具足戒时，三

师中之羯磨师向僧众先告白某某提出出家要求，此即为"白"。其次，三问僧众赞成与否，称为三羯磨。如无异议，则准予受戒为僧。合一白与三羯磨，称为白四羯磨，系最慎重之做法。

③ **忏悔**：忏，请求他人忍罪；悔，悔过之义。即追悔过去之罪，而于佛、菩萨、师长、大众面前告白道歉，请求容忍宽恕之意。原始佛教教团中，当比丘犯罪时，释尊为令其行忏悔或悔过，定期每半月行布萨，并定夏安居之最终日为自恣日，给犯戒者以说过悔改的机会。

译文

那时，佛住在拘睒毗国的瞿师卫园。有尊者阐陀比丘，秉性恶劣，从不听人规劝。他对众比丘说："你们不要说我善恶好坏，我也不说你们善恶好坏。"

众比丘将此事禀告佛，佛对众比丘说："如有少数秉性恶劣、不听别人规劝的比丘，众僧应当为其做白四羯磨。从今以后，为众比丘制定戒法，集十句义，以至令佛法久住世间。如有想解说戒法者，就应当这样说：如有比丘秉性恶劣，不听人规劝，众比丘依照律法来规劝他，他不仅不听规劝，反而对众比丘说：各位大德，你们不要对我说善恶好坏，我也不向你们说善恶好坏，各位大德，请不要劝告我。众比丘听后，对这个比丘说：大德，不要固执己见，不接受别人的劝告，应该接受别人的直言劝告。你应当按照律法来劝诫众比丘，众比丘也应当依照律法来劝诫你。这样佛弟子们才能获得无上的益处，相互告诫，相互教授，相互忏悔。在众比丘这样规劝下，此比丘仍不接受别人的劝告，一意孤行。其他比丘应再三劝告，让其虚心接纳别人的规劝。经过再三劝说，能够听从别人劝告者，则是如法的选择。如仍然执迷不悟，固执己见者，犯僧残罪。"

二不定法之一

原典

尔时，世尊在舍卫国祇树给孤独园。迦留陀夷先白衣时有亲友妇，名曰斋优婆私[①]，颜貌端正。迦留陀夷亦颜貌端正。迦留陀夷系意在彼，彼优婆私亦系意在迦留陀夷。时，迦留陀夷到时，着衣持钵诣斋优婆私家，与共独屏覆处坐，时迦留陀夷与斋优婆私语。

时，有毗舍佉母，有小缘事，往彼比舍，遥闻迦留陀夷语声。此优婆私有信乐之心，闻内比丘语声，作是念：或能说法。即就倚壁而听，但闻说非法语声。复念言：闻比丘声而说非法言，比丘不应作如是语。即窥看之，见迦留陀夷与斋优婆私共床坐，作非法语。见已，便作是念：此比丘在非法处坐，又说非法言，若此夫主见，当呵骂其妇，生不信心。时优婆私即还出其舍，疾疾往世尊所，头面礼足在一面立，以此因缘具白世尊。白世尊已，头面礼足，绕三匝而去。

时世尊集比丘僧，知而故问迦留陀夷言："汝实与斋优婆私独在屏覆处坐耶？"

答言："实尔，世尊。"

世尊以无数方便呵责："汝所为非，非威仪，非沙门法，非净行，非随顺行，所不应为。汝今云何与斋优婆私独在屏覆处坐耶？"

时，世尊以无数方便呵责迦留陀夷已，告诸比丘："迦留陀夷愚人，多种有漏处，最初犯戒。自今已去，与比丘结戒，集十句义，乃至正法久住。欲说戒者，当如是说：若比丘共女人独在屏覆处、障处、可作淫处坐，说非法语，有住信优婆私于三法中——法说，若波罗夷，若僧伽婆尸沙，若波逸提[②]。是坐比丘自言：我犯是罪，于三法中应——治，若波罗夷，若僧伽婆尸沙，若波逸提。如住信优婆私所说，应如法治是比丘，是名不定法[③]。"

注释

① **优婆私**：亦作优婆斯、优婆夷，意译近事女、近善女、信女、清信女。为七众之一。指皈依佛门，接受五戒的在家女居士，亦通称一切在家的佛教女信徒。

② **波逸提**：为比丘、比丘尼所受持的具足戒之一。又作贝逸提、波夷提，意译堕、令堕、应对治、应忏悔。乃轻罪之一种，指所犯罪若经忏悔则能得灭罪，若不忏悔则堕入恶趣的过失。有舍堕、单堕两种，须舍财物而忏悔之堕罪，称为舍堕；单对他人忏悔即可得清净之堕罪，称为单堕。据《四分律删补随机羯磨疏》卷四载，波逸提罪之忏法，舍堕之忏法必须于僧众前行之，单堕则对证即可灭罪。

③ **不定法**：又作不定、二不定，为比丘受持具足戒之部分。不定，指实犯与否及所犯何戒未审明之义。有屏处不定戒、露处不定戒两种：（一）屏处不定戒，比丘于屏处（不能见闻处）、覆处、障处等可做淫事之处，与女子独处共坐，或说非法语；（二）露处不定戒，比丘与女子于露现处共坐，说淫欲粗恶等语。此二戒中，可能犯波罗夷，可能犯僧残，也可能犯波逸提，所以称为不定。

译文

　　那时，世尊住在舍卫国的祇树给孤独园。迦留陀夷比丘未出家前有一个较亲近的女人，是一个名叫斋的女居士，容貌端庄秀丽。迦留陀夷比丘亦长得相貌堂堂。迦留陀夷有心于这个女居士，此女居士也有意于迦留陀夷。迦留陀夷到乞食时，便穿好衣服拿着钵，来到女居士斋家，和她在隐秘处单独对坐，窃窃私语。

　　当时有毗舍佉母，正好因一点小事来到这里，远远听到迦留陀夷比丘的说话声。此女居士对佛法有信乐之心，听到屋内有比丘的声音，寻思道：或许里面正在说法。就将耳贴在壁上，却听到说一些淫秽之语。她想道：听到里面有比丘说违犯佛法的淫秽之语，可是比丘不应该说这样的话呀！便又从小缝隙中往里看，见迦留陀夷和斋共坐在一张床上，正说淫秽之语。毗舍佉母看到这些，便又寻思道：这个比丘既在戒法禁止的地方坐，又说淫秽之语，如果让人家的丈夫看到，一定会责骂其妻，并对佛法生不信心。想到这些，毗舍佉母赶忙出来，急急忙忙地来到世尊的住处，恭敬作礼后站在一边，将此事禀告世尊，然后又向世尊恭敬作礼，绕佛三周后离去。

　　此时世尊即召集众比丘，知而故问迦留陀夷说：

"你是否与女居士斋在隐秘处单独对坐？"

迦留陀夷回答说："是的，世尊。"

世尊以各种方便说法呵责道："你的做法是错误的，不合威仪，不合沙门法，不合净行，不合随顺行，是不应该做的。你今天为什么要与女居士斋单独在隐秘处对坐呢？"

然后，世尊告诉众比丘说："迦留陀夷是个蠢人，在多种世俗烦恼中，他最先违犯戒法。从今以后，为众比丘制定戒法，集十句义，以至令佛法久住世间。如有想解说戒法者，就应当这样说：如有比丘在隐秘遮蔽处等可以做淫事之处与女人单独对坐，并说淫秽粗恶语，被有信用的女居士看到后，举出其可能犯根本重罪，或犯僧残，或犯单堕轻罪。此时坐比丘应如实承认：我犯此罪，愿在根本重罪、僧残罪、单堕轻罪三法中依罪受罚。如果有信用的女居士的证词确实，那么就应按所犯之罪依照戒法来定罪惩罚此比丘，所以此戒称为不定法。"

二不定法之二

原典

尔时，世尊在舍卫国祇树给孤独园。时，迦留陀夷先白衣时有知友妇,名曰斋优婆私,颜貌端正。迦留陀夷亦颜貌端正。迦留陀夷常系意在斋优婆私,斋优婆私亦系意在迦留陀夷。时,尊者迦留陀夷到时,着衣持钵往至斋优婆私家,二人俱露现处坐共语。

时,毗舍佉母以小因缘往到比舍,遥闻迦留陀夷语声,作是念言:或能说法。即就倚壁而听,但闻在内说非法语声。复自念言:闻比丘声而说非法言,比丘不应作如是语。即窥看之,见迦留陀夷与斋优婆私俱露现处共坐,说非法语。见已,作是念:今此比丘坐既非法处,又说非法语,夫主见者,当呵骂其妇,生不信心。时,优婆私即还出其家,疾疾往世尊所,头面礼足在一面立,以此因缘具白世尊。白世尊已,头面礼足,绕三匝而去。

时世尊知而故问迦留陀夷:"汝实与斋优婆私在露现处共坐言语不?"

答言:"实尔,世尊。"

世尊以无数方便呵责言:"汝所为非,非威仪,非沙门法,非净行,非随顺行,所不应为。汝今云何与斋优婆私在露现处共坐,说非法事耶?"

时,世尊以无数方便呵责迦留陀夷已,告诸比丘:"迦留陀夷痴人,多种有漏处,最初犯戒。自今已去,与比丘结戒,集十句义,乃至正法久住。欲说戒者,当如是说：若比丘共女人在露现处、不可作淫处坐，作粗恶语，有住信优婆私于二法中——法说，若僧伽婆尸沙，若波逸提。是坐比丘自言：我犯是戒，于二法中应——法治，若僧伽婆尸沙，若波逸提。如住信优婆私所说，应如法治是比丘，是名不定法。"

译文

那时，世尊住在舍卫国的祇树给孤独园。迦留陀夷比丘未出家前有一个较亲近的女人，是一个名叫斋的女居士，容貌端庄秀丽。迦留陀夷比丘亦长得相貌堂堂。迦留陀夷有心于这个女人，这个女人也有意于迦留陀夷。迦留陀夷到乞食时，便穿好衣服，拿着钵，来到女居士斋家，俩人在显现处单独对坐说话。

此时，毗舍佉母正好因一点小事来到这里，远远听到迦留陀夷比丘的说话声，心想可能里面正在说法。就紧贴墙壁听，但听到里面说一些淫秽粗恶之语。又想到：听到里面有比丘说违犯佛法的淫秽之语，可是比丘不应该说这样的话呀！便从小缝隙中往里看，看见迦留陀夷和斋共坐在显现处，正说淫秽之语。毗舍佉母看到这些，便又寻思道：这个比丘既在戒法禁止的地方坐，又说淫秽之语，如果让人家的丈夫看到，一定会责骂其妻，并对佛法生不信心。想到这些，毗舍佉母赶忙出来，急急忙忙地来到世尊的住处，恭敬作礼后站在一边，将此事禀告世尊。然后，又向世尊恭敬作礼，绕佛三周后离去。

此时世尊即知而故问迦留陀夷说："你是否与女居士斋在显现处单独对坐说话？"

迦留陀夷回答说："是的，世尊。"

世尊以各种方便说法呵责迦留陀夷说："你的做法是错误的，不合威仪，不合沙门法，不合净行，不合随顺行，是不应该做的。你今天为什么要与女居士斋单独在显现处对坐说淫秽之语呢？"

然后，世尊告诉众比丘说："迦留陀夷是个蠢人，在多种世俗烦恼中，最先违犯戒法。从今以后，为众比丘制定戒法，集十句义，以至令佛法久住世间。如有想解说戒法者，就应当这样说：如有比丘在显现处、不可做淫处与女人单独对坐，说淫秽粗恶的话，被有信用的女居士看到后，举出其可能犯僧残罪，可能犯单堕轻罪。此对坐比丘应如实承认：我犯此罪，愿在僧残罪、单堕轻罪二法中，依罪受罚。如果有信用的女居士的证词确实，那么就应按所犯之罪来定罪，并依戒法惩罚此比丘，所以此戒称为不定法。"

九十单提法之六十

原典

尔时，世尊在舍卫国祇树给孤独园。时，六群比丘①着白色衣行。时，诸居士见，皆共讥嫌，此沙门释子不知惭愧，受取无厌。外自称言，我修正法，如今观之，有何正法！云何着新白色衣行，如似王、王大臣？

诸比丘闻已，其中有少欲知足、行头陀、乐学戒、知惭愧者，嫌责六群比丘言："云何汝等着白色新衣行？"尔时，诸比丘往世尊所，头面礼足在一面坐，以此因缘具白世尊。

世尊尔时以此因缘集比丘僧，呵责六群比丘言："汝所为非，非威仪，非沙门法，非净行，非随顺行，所不应为。云何六群比丘着白色衣行？"

尔时，世尊以无数方便呵责六群比丘已，告诸比丘："此痴人多种有漏处，最初犯戒。自今已去，与比丘结戒，集十句义，乃至正法久住。欲说戒者，当如是说：若比丘得新衣，应三种坏色②，一一色中随意坏，若青，若黑，若木兰。若比丘不以三种坏色，若青，若黑，若木兰，着余新衣者，波逸提。"

注释

①**六群比丘**：指成群结党的六恶比丘。佛在世时，有恶比丘六人，勾结朋党，不守律仪，多行恶事，佛制戒多因此六比丘而来。诸律所载，其名不一，依《四分律》卷二十二载，六比丘即：（一）难陀，又作难途；（二）跋难陀，又作邬波难陀；（三）迦留陀夷；（四）阐那，又作车匿；（五）阿说迦，又作阿湿婆；（六）弗那跋，又作富那婆娑、补捺婆素迦。

②**坏色**：袈裟的颜色，避用青、黄、赤、白、黑五正色，应用其他不正色染坏之，故曰坏色。一般以青、泥（皂、黑）、木兰色为三种袈裟的如法色。

译文

那时，世尊住在舍卫国的祇树给孤独园。当时，六恶比丘穿着象征高贵的白色新衣招摇过市。众居士见后，都讥讽怪怨说，这些沙门释子一点都不知惭愧，接纳索取，贪得无厌。在外自称说，我修持正法，现在看来，哪有什么正法！出家人怎么能像国王和大臣一样，穿着白色新衣到处行走？

众比丘听后，其中有少欲知足、修苦行、学戒法、知廉耻的比丘，责怪六恶比丘说："你们为什么要穿着白色新衣到处行走？"当时，众比丘来到世尊的住处，恭敬作礼后坐在一边，将此事禀告世尊。

当时即世尊以此事为由召集众比丘，呵责六恶比丘说："你们的做法是错误的，不合威仪，不合沙门法，不合净行，不合随顺行，是不应该做的。你们为什么要穿白色新衣到处行走呢？"

然后，世尊告诉众比丘说："六恶比丘是些蠢人，在多种世俗烦恼中，他们最先违犯戒法。从今以后，为众比丘制定戒法，集十句义，以至令正法久住世间。如有想解说戒法者，就应当这样说：如有比丘得到新衣，应用三种不正色，或青，或黑，或木兰色中的一种，来随意染坏。如果比丘不用这三种不正色来染坏新衣，而穿别的颜色的新衣，则犯舍堕罪。"

2　第二分

八波罗夷法之五——摩触罪

原典

尔时，世尊在舍卫国祇树给孤独园。时，有大豪贵长者，名大善鹿乐，颜貌端正。偷罗难陀比丘尼[1]亦颜貌端正。长者鹿乐系心于偷罗难陀所，偷罗难陀亦系心于长者所。后于异时，为偷罗难陀故，请诸比丘尼及偷罗难陀设食。即于其夜办具种种饮食，请旦往。

白时到，偷罗难陀知长者为己故请僧，彼即自住寺，不往。诸比丘尼到时，着衣持钵诣长者家。就坐已，时长者遍观尼众，不见偷罗难陀，即问："偷罗难陀何处而不来耶？"

答言:"在寺不来。"

于是长者疾疾行食已,即往寺中至偷罗难陀所。偷罗难陀遥见长者来,即卧床上。长者前问:"阿姨,何所患苦?"

答言:"无所患苦。我所欲者而彼不欲,彼言我欲非不欲。"

时,长者即前抱卧,以手摩捉呜。长者还坐,问言:"阿姨所须何物?"

答言:"我欲得酸枣。"

长者言:"欲得者明日当送。"

时,有守房小沙弥尼,见作如此事。诸尼食还已,具向说之。

比丘尼众闻,中有少欲知足、行头陀、乐学戒、知惭愧者,嫌责偷罗难陀比丘尼言:"云何汝与长者作如此事耶?"诸比丘尼白诸比丘,诸比丘往白世尊。

世尊即以此因缘集比丘僧,以无数方便呵责偷罗难陀比丘尼:"汝所为非,非威仪,非沙门法,非净行,非随顺行,所不应为。云何偷罗难陀,汝与长者作如此事?"

尔时,世尊以无数方便呵责已,告诸比丘:"此偷罗难陀比丘尼痴人,多种有漏处,最初犯戒。自今已去,与比丘尼结戒,集十句义,乃至正法久住。欲说戒者，当如是说：若比丘尼染污心[2]，共染污心男子，从腋已下、膝以上身相触，若捉摩，若牵，若推，若上摩，若下摩，若举，若下，若捉，若捺，是比丘尼波罗夷不共住。"

注释

① **比丘尼**：又作苾刍尼、比呼尼等，意译乞士女、除女、薰女。或简称为尼。原指出家得度、受具足戒的女子，后泛指出家之女子。

② **染污心**：又作染心，即爱着之心、淫欲之心。据《大乘起信论》载，心体原本是清净的，但因起无明烦恼，遂被污染，故有染污心。

译文

那时，世尊住在舍卫国的祇树给孤独园中。当时，有一个名叫大善鹿乐的富贵长者，长得相貌堂堂。偷罗难陀比丘尼亦长得秀丽端庄。长者鹿乐有心于偷罗难陀，偷罗难陀也有心于长者鹿乐。后来，为了偷罗难陀的缘故，长者鹿乐邀请众比丘尼及偷罗难陀到家中做客。在前一天夜里便置办了种种美味饮食，请众比丘尼第二天清晨即去。

第二天天亮后，偷罗难陀心里知道长者鹿乐是为了自己的缘故才请众比丘尼的，便独自留在寺里，不去应供。到时众比丘尼都穿好衣服，拿着钵，来到长者鹿乐家。众比丘尼就座后，长者鹿乐扫视了一下众人，不见偷罗难陀比丘尼，便问道："偷罗难陀去了何处？为什么不来呢？"

众比丘尼回答说："留在寺里，没有来。"

于是，长者鹿乐匆忙吃过饭，便来到寺院偷罗难陀的住处。偷罗难陀远远看到长者到来，便躺在床上。长者进来向前问道："阿姨，哪里不舒服呀？"

偷罗难陀回答说："没有什么不舒服。只是我所渴求的事你却不想，而你说这种欲求你并不是不想做。"

此时，长者便搂抱她躺下，用手抚摸、亲吻。接着，长者坐起来问道："阿姨，你到底想要什么东西呢？"

偷罗难陀回答说："我想要酸枣。"

长者说："你要的东西我明天就给送来。"

此时，正好有看守房屋的小沙弥尼看到这里发生的一切。待众比丘尼吃完饭返回后，小沙弥尼便将此事告诉了众比丘尼。

众比丘尼听后，其中有少欲知足、修苦行、学戒法、知廉耻的比丘尼，责怪偷罗难陀说："你为什么要同长者鹿乐做这样的事呢？"众比丘尼将此事告诉了众比丘，众比丘又去禀告世尊。

世尊即以此事为由召集众比丘，以各种方便说法呵责偷罗难陀比丘尼说："你所做的是错误的，不合威仪，不合沙门法，不合净行，不合随顺行，是不应该做的。为什么你要和长者做这样的事呢？"

然后，世尊对众比丘说："偷罗难陀比丘尼是个蠢人，在多种世俗烦恼中，她最先违犯戒法。从今以后，为比丘尼制定戒法，集十句义，以至令正法久住世间。如有想解说戒法者，就应当这样说：如有比丘尼有淫欲意，与同样有淫欲意的男子从两腋以下，两膝以上的身体部位相触摩，或以手相抚摸，或推或拉，或抱起放下，或握乳捺髀，则犯比丘尼根本罪。犯者应逐出僧团，不得与其他比丘尼共住。"

八波罗夷法之六——八事成重罪

原典

尔时，世尊在舍卫国祇树给孤独园。尔时，舍卫城中有长者，名沙楼鹿乐，颜貌端正。偷罗难陀比丘尼亦颜貌端正。鹿乐长者系心偷罗难陀所，偷罗难陀亦系心鹿乐所。尔时，偷罗难陀比丘尼欲心受长者捉手、捉衣，共入屏处，共立、共语、共行，以身相倚共期。

尔时，诸比丘尼闻，其中有少欲知足、行头陀、乐学戒、知惭愧者，嫌责偷罗难陀比丘尼："汝云何欲心受长者捉衣，入屏处共立、共语、共行，以身相倚共期？"尔时，诸比丘尼白诸比丘，诸比丘往白世尊。

世尊尔时以此因缘集诸比丘僧，呵责偷罗难陀："汝所为非，非威仪，非沙门法，非净行，非随顺行，所不应为。云何偷罗难陀比丘尼欲心受此长者捉手、捉衣，乃至共期？"

尔时，世尊以无数方便呵责偷罗难陀已，告诸比丘："此偷罗难陀多种有漏处，最初犯戒。自今已去，与比丘尼结戒，集十句义，乃至正法久住。欲说戒者，当如是说：若比丘尼染污心，知男子染污心，受捉手、捉衣，入屏处共立、共语、共行，或身相倚，或共期，是比丘尼波罗夷不共住。"

译文

那时，世尊住在舍卫国祇树给孤独园中。当时，舍卫城中有一位名叫沙楼鹿乐的长者，生得相貌堂堂，一表人才。偷罗难陀比丘尼也长得眉清目秀，端庄秀丽。鹿乐长者有心于偷罗难陀，偷罗难陀也有心于鹿乐长者。当时，偷罗难陀比丘尼以淫欲心让鹿乐长者握手牵衣,二人一块儿来到隐秘处共立、共语、共行,拥抱依偎,共行淫事。

当时,众比丘尼知道后,其中有少欲知足、修苦行、学戒法、知廉耻的比丘尼,责怪偷罗难陀比丘尼说:"你为什么心怀淫欲,让鹿乐长者握手牵衣,二人共到隐秘处共立、共语、共行,拥抱依偎,共行淫事?"众比丘尼即将此事告诉了众比丘,众比丘又去禀告世尊。

世尊以此事为由召集众比丘,呵责偷罗难陀说:"你所做的是错误的,不合威仪,不合沙门法,不合净行,不合随顺行,是不应该做的。你为什么要以淫欲心接受鹿乐长者的握手牵衣,以至共行淫事呢?"

此时,世尊以各种方便说法呵责偷罗难陀后,对众比丘说:"偷罗难陀在多种世俗烦恼中,最先违犯戒法。从今以后,为比丘尼制定戒法,集十句义,以至令正法久住世间。如有想解说戒法者,就应当这样说:如比丘尼有染污心,明知男子有淫欲意,而与他拉手牵衣,入隐秘处,共立、共语、共行,或拥抱依偎,或共行淫事,此比丘尼则犯根本罪,应逐出僧团,不得与众比丘尼共住。"

八波罗夷法之七——覆藏罪

原典

尔时,世尊在舍卫国祇树给孤独园。时,偷罗难陀比丘尼妹,字坻舍难陀,其人犯波罗夷法。时,偷罗难陀比丘尼知,便作是念:此坻舍难陀是我妹,今犯波罗夷法,我正欲向人说,惧彼得恶名称。若彼得恶名称,于我亦恶,遂默然不说。

彼于异时,坻舍比丘尼休道①。诸比丘尼见,语偷罗难陀言:"见汝妹已舍道不?"

答言:"彼所作是,非为不是。"

诸比丘尼问:"云何所作是?"

偷罗难陀答言:"我先知彼有如是如是事。"

诸比丘尼言:"汝若先知,何以不向诸比丘尼说?"

偷罗难陀答言:"坻舍是我妹,犯波罗夷法,即欲向人说,惧得恶名称。若彼得恶名称,于我亦恶,以是故我不向人说。"

尔时,诸比丘尼闻,其中有少欲知足、行头陀、乐学戒、知惭愧者,呵责偷罗难陀言:"汝云何覆藏②坻舍重罪?"诸比丘尼白诸比丘,诸比丘往白世尊。

世尊尔时以此因缘集诸比丘僧，呵责偷罗难陀比丘尼言："汝所为非，非威仪，非沙门法，非净行，非随顺行，所不应为。云何偷罗难陀，汝乃覆藏坻舍比丘尼重罪？"

尔时，世尊以无数方便呵责偷罗难陀比丘尼已，告诸比丘："偷罗难陀比丘尼，多种有漏处，最初犯戒。自今已去，与比丘尼结戒，集十句义，乃至正法久住。欲说戒者，当如是说：若比丘尼知他犯波罗夷，不自举，不白僧，不语人。彼于异时，彼比丘尼或休道，若灭摈，若众僧遮[3]，若入外道。后作是言，我先知有如是如是罪，是比丘尼波罗夷不共住。"

注释

① **休道**：即舍道，指脱离佛法正道。

② **覆藏**：即覆藏比丘尼重罪，指知其他比丘尼犯波罗夷罪而为之隐藏者。此为比丘尼八波罗夷之一。

③ **遮**：即制止之意，指对轻罪之禁戒。遮戒，是相对于性戒而立。所谓性戒，乃不论当初佛陀是否制戒，原本即须持守之戒，如杀、盗、淫、妄等四戒。所谓遮戒，系佛陀因事因地所制之戒，通常较性罪为轻，即一般社会不认为罪恶，而佛教为防止世人讥嫌，避免

由此引发其他犯罪，故制此戒。例如饮酒、掘地伤生等。因饮酒多有过失，能犯诸戒，故佛陀特意遮止，令不毁犯。若犯遮戒则称遮罪。僧尼若犯性罪，必遭僧团驱逐；若犯遮罪，则可在众僧前忏悔，谨慎言行即可。

译文

那时，世尊住在舍卫国祇树给孤独园中。当时，偷罗难陀比丘尼的妹妹，名叫坻舍难陀，犯了比丘尼根本罪。偷罗难陀知道后，便想道：坻舍难陀是我的妹妹，如今犯了比丘尼根本罪，我想向别人说，又怕她得恶比丘尼的名声。她如果名声不好，对我也没有什么好处，所以偷罗难陀就默然无语，不向别人说起。

过了一些时候，坻舍比丘尼舍弃佛道。众比丘尼见了偷罗难陀，对她说："知道你妹妹舍弃佛道了吗？"

偷罗难陀回答说："她所做的是正确的，并没有什么不对。"

众比丘尼奇怪地问道："怎么说她所做的是正确的呢？"

偷罗难陀回答说："我先前就已知道她犯了根本罪的事。"

众比丘尼说："你先已知道，为什么不向众比丘尼说呢?"

偷罗难陀回答说:"坻舍难陀是我的妹妹,犯了根本罪,我想向人说,但怕她得了坏名声。她如有了坏名声,我也不光彩,所以我就没有向人说起。"

众比丘尼听后,其中有少欲知足、修苦行、学戒法、知廉耻的比丘尼,责怪偷罗难陀说:"你为什么要包庇隐瞒坻舍难陀的重罪呢?"众比丘尼即将此事告诉了众比丘,众比丘又去禀告世尊。

此时,世尊以此事为由召集众比丘,呵责偷罗难陀比丘尼说:"你的做法是错误的,不合威仪,不合沙门法,不合净行,不合随顺行,是不应该做的。你为什么要隐瞒坻舍难陀比丘尼的重罪呢?"

此时,世尊以各种方便说法呵责偷罗难陀后,告诉众比丘说:"偷罗难陀比丘尼,在多种世俗烦恼中,最先违犯戒法。从今以后,为众比丘尼制定戒法,集十句义,以至令正法久住世间。如有想解说戒法者,就应当这样说:如有比丘尼知道他人犯了根本罪,不自己检举,不禀告比丘,也不告诉别人。若过些时候,那个犯戒的比丘尼或舍道,或遭僧团驱逐,或已在众僧前忏悔,或另行加入外道,这个比丘尼才说:我先前就知道她犯有什么什么罪。这个比丘尼则犯比丘尼根本罪,应逐出僧团,不得与众比丘尼共住。"

八波罗夷法之八——随举罪

原典

尔时,世尊在拘睒弥瞿师罗园中。时,尊者阐陀比丘,僧为作举,如法如律,如佛所教。不顺从,不忏悔,僧未与作共住①。时,有比丘尼名尉次,往返承事阐陀比丘。

诸比丘尼语言:"阐陀比丘,僧为作举,如法如律,如佛所教。不顺从,不忏悔,僧未与作共住,汝莫顺从。"

尉次答言:"诸大姊,此是我兄,今日不供养,更待何时?"犹故随顺②不止。

时,诸比丘尼闻,其中有少欲知足、行头陀、乐学戒、知惭愧者,嫌责尉次比丘尼言:"阐陀比丘,僧为作举,如法如律,如佛所教。而不顺从,不忏悔,僧未与作共住,汝今云何顺从也?"尔时,诸比丘尼语诸比丘,诸比丘往白世尊。

世尊以此因缘集诸比丘僧,呵责尉次比丘尼言:"汝所为非,非威仪,非沙门法,非净行,非随顺行,所不应为。阐陀比丘,僧为作举,如法如律,如佛所教。而不顺从,不忏悔,僧未与作共住,云何故顺从?"

以无数方便呵责已,告诸比丘:"自今已去,与诸比丘尼结戒,集十句义,乃至正法久住。欲说戒者,当如是说:若比丘尼知比丘僧为作举,如法如律,如佛所教。不顺从,不忏悔,僧未与作共住,而顺从。诸比丘尼语言:大姊,此比丘为僧所举,如法如律,如佛所教。不顺从,不忏悔,僧未与作共住,汝莫顺从。如是比丘尼谏彼比丘尼时,是事坚持不舍,彼比丘尼应乃至第二、第三谏,令舍此事故。若乃至三谏,舍者善,若不舍者,是比丘尼波罗夷不共住。"

注释

① **共住**:又作近住、净住,或称说戒,即布萨。指同住之比丘每半月集会一处,或齐集说戒堂,请熟谙律法的比丘诵读戒本,以反省过去半月内的行为是否合乎戒本,若有犯戒者,则于众前忏悔,使比丘均能长住于净戒中,长养善法,增长功德。

② **随顺**:指随从他人之意而不拂逆。佛制随顺被举比丘戒,即比丘尼八波罗夷戒之一。谓比丘尼若追随顺从持执恶见而为僧众弹劾的比丘,或供应其所需,或与之交谈,虽经其他比丘尼三度劝说亦不接受者,即触犯此戒。

译文

那时,世尊住在拘睒弥国的瞿师卫园中。当时,有尊者阐陀比丘,众僧已依照佛的教导,如法如律,为他举罪。但他既不服从治罪法,所犯之罪又未在众僧前忏悔清净,所以众僧没有为其做解罪羯磨,他不得与众僧共住。此时有一个名叫尉次的比丘尼,前往奉侍阐陀比丘。

众比丘尼便对她说:"阐陀比丘,众僧已依照佛的教导,如法如律,为他举罪。但他既不服从治罪法,所犯之罪又未在众僧前忏悔清净,所以众僧没有为他做解罪羯磨,他不得与众僧共住,你不要随顺他。"

尉次回答说:"各位大姐,他是我的兄长,今天不供养侍奉他,更待何时呢?"所以依然追随顺从阐陀比丘。

众比丘尼知道后,其中有少欲知足、修苦行、学戒法、知廉耻的比丘尼,责怪尉次比丘尼说:"阐陀比丘,众僧已依照佛的教导,如法如律,为他举罪。但他既不顺从治罪法,所犯之罪又未忏悔清净,所以众僧没有为他做解罪羯磨,他不得与众僧共住,你今天为什么还要顺从他呢?"当时,众比丘尼即将此事告诉众比丘,众比丘又去禀告世尊。

世尊即以此事为由召集众比丘,呵责尉次比丘尼说:"你的做法是错误的,不合威仪,不合沙门法,不合净行,不合随顺行,是不应该做的。阐陀比丘,众僧已依照佛的教导,如法如律,为他举罪。但他既不顺从治罪法,所犯之罪又未在众僧前忏悔清净,所以众僧没有为他做解罪羯磨,他不得与众僧共住,可是你为什么要顺从他呢?"

世尊以各种方便说法呵责尉次比丘尼后,告诉众比丘说:"从今以后,为众比丘尼制定戒法,集十句义,以至令正法久住世间。如有想解说戒法者,就应当这样说:如有比丘尼已知某比丘被众僧依照佛的教导,如法如律而举罪。但该比丘既不顺从治罪法,所犯之罪又未在众僧前忏悔清净,所以众僧没有为他做解罪羯磨,他不得与众僧共住,但此比丘尼却追随顺从该比丘。众比丘尼对此比丘尼说:大姐,该比丘已被众僧依照佛的教导,如法如律而举罪。但该比丘既不顺从治罪法,所犯之罪又未在众僧前忏悔清净,所以众僧没有为他做解罪羯磨,他不得与众僧共住,你不要追随顺从他。如果众比丘尼这样规劝此比丘尼,其仍然坚持自己的做法,众比丘尼应当再三地规劝。如经众比丘尼三度劝说后,此比丘尼放弃自己的原有做法而接受劝告,则是如法的选择;如仍不接受者,即犯比丘尼根本罪,应逐出僧团,不得与众比丘尼共住。"

受戒犍度之四

原典

世尊言："汝等善听，自今已去，若欲在僧伽蓝中剃发①，当白一切僧。若不得和合，房房语令知已与剃发。僧若和合当作白，白已然后与剃发。当作如是白：大德僧听，此某甲欲求某甲剃发，若僧时到，僧忍听与某甲剃发，白如是。若欲僧伽蓝中度令出家，当白一切僧，白已听与出家。

"当作如是白：大德僧听，此某甲从某甲出家，若僧时到，僧忍听与某甲出家，白如是。作如是白已，与出家。教使着袈裟②，偏露右臂，脱革履，右膝着地合掌。教作如是白：我某甲归依③佛，归依法，归依僧，随如来出家。某甲为和尚，如来至真等正觉是我世尊。如是第二、第三说，我某甲归依佛、法、僧，随如来出家竟。某甲为和尚，如来至真等正觉是我世尊。如是第二、第三说，当受戒④。

"尽形寿不杀生⑤，是谓沙弥戒⑥，能者报言能。尽形寿不盗⑦，是谓沙弥戒，能者报言能。尽形寿不淫，是谓沙弥戒，能者报言能。尽形寿不妄语，是谓沙弥戒，能者报言能。尽形寿不饮酒⑧，是谓沙弥戒，能者报言能。尽形寿不得着花鬘香涂身，是谓沙弥戒，能者报言能。尽形寿不得歌舞倡伎及往观听，是谓沙弥戒，能者报言能。尽形寿不得高广大床上坐，是谓沙弥戒，能者报言能。尽形寿不得非时食⑨，是谓沙弥戒，能者报言能。尽形寿不得执持生像⑩金银宝物，是谓沙弥戒，能者报言能。此是沙弥十戒，尽形寿不得犯。"

注释

①**剃发**：又作落发、削发、祝发。指出家皈依佛门时，剃除发、髭而成为僧尼。这是佛门弟子为了去除憍慢之心，避免世俗的虚饰所行的仪式。剃发出家时，必着袈裟，称为剃发染衣，或称剃度。印度古来以剃除头发为最大耻辱，对犯重罪者才科以此刑，此外当时出家外道皆留发。佛陀与其弟子剃除须发，着坏色衣，断诱惑，离憍慢心，以静心修道，别于外道。

②**袈裟**：意译为坏色、不正色、染色，一般用以称佛教法衣。因僧尼所着法衣皆用不正色布制作而成，故从色而言，称法衣为袈裟。佛制规定，僧服不许用青、黄、赤、白、黑五正色以及绯、红、紫、绿、碧五间色，只许用青（铜青）、泥（皂）、木兰（赤而带黑）三色，称为不正色、坏色，是制作僧衣的三如法色。

实际上印度各佛教部派的衣色也很不一致。佛教传入中国，汉魏时穿赤衣，后来又有黑衣、青衣、褐色衣。唐宋以后，朝廷常赐高僧紫衣、绯衣。明朝时规定，禅僧穿茶褐色衣和青绦玉色衣，讲僧穿玉色衣和绿绦浅红色袈裟，教僧穿皂衣和黑绦浅红色袈裟。依佛本制，袈裟包括安陀会（五条衣）、郁多罗僧（七条衣）、僧伽梨（九条衣）三种，称为三衣。

③**归依**：又作皈依。指归敬依属于佛、法、僧三宝。归依含有救济、救护之义。即依三宝功德威力，能加持摄护归依者，使其止息生死轮回，得解脱一切苦。归依者以深切之信心，信佛、法、僧三宝为真正归依处，将一己身心归属于三宝。

④**受戒**：又作纳戒、禀戒。指通过一定的形式，领受佛所制定的戒法。戒有大、小乘之别，大乘戒以《梵网经》所说之十重禁、四十八轻戒为始，及《菩萨璎珞本业经》《瑜伽师地论》等所列之三聚净戒；小乘则有五戒、八戒、十戒、具足戒等戒相。无论出家、在家，奉持佛法者，必须誓愿遵守戒律，且应依循一定的仪式。由传授戒法的一方而言，称为授戒；接受戒法而能受持者称为胜士。

以所受戒相之不同，佛教教团有七众之别，又称受戒七众，即优婆塞、优婆夷、沙弥、沙弥尼、式叉摩那、比丘、比丘尼。受具足戒法为受戒仪式中最具规模者，仪式中传授戒法之师称为戒和尚，讲授戒法者为教授师，教导戒场有关做法者为羯磨师，三者合称为三师。此外，与会者至少要有七位证明师（尊证师），总称三师七证（合称十师）。

⑤ **不杀生**：小乘四重罪之第三、大乘十重禁戒之第一。在戒律中，属罪之最重者。大乘禁止断丧一切有情的生命，小乘也特别重视人命，将杀害人命称为杀戒。在家五戒及沙弥十戒中，不杀生均列于首位。

⑥ **沙弥戒**：又作勤策律仪。沙弥受持十戒：不杀、不盗、不淫、不妄语、不饮酒、离高广大床、离花鬘、离歌舞、离金宝财物、离非时食。沙弥若进一步受具足戒，则称为大僧。

⑦ **不盗**：不与而取的行为，即称为偷盗。佛制所盗之物，值五钱者，即成重罪，这是佛陀比照当时印度摩揭陀国的国法而制。国法偷盗五钱以上，即犯死罪。依佛法，不得以任何理由，如饥饿、疾病、天灾人祸、孝养父母、供给妻儿等而行偷盗，若行偷盗，一律成罪。如有困难，可以求乞，受人布施者无罪。

⑧ **不饮酒**：指禁饮酒戒。不论在家、出家，皆有此戒。酒不只妨碍佛道修行，亦使人心智狂乱。为了遮止因饮酒而造成犯戒的罪过，所以佛制不许饮酒。一般

在禅寺山门的石刻上有"荤酒不许入山门"的标志。

⑨ **非时食**：指非时之食，亦即过日中而食。凡日中以后至翌日明相（天空露白之状）未出之间所受之食，皆称非时食。于律典中，制之为戒法。非时食戒，又作不过中食戒、不过时食戒。此戒旨在佛道修行者节制食欲。若比丘有病，为救治其病，则许可午后之食，当药石想。

⑩ **生像**：指金与银。生，又作生色，指本来之色，即金之意；像，又作似色，似生色之色，即银之意。二者合称为生像，又作生色似色，或生色可染。《四分律行事钞资持记》卷下四说："生色即金，天生黄故；似色即银，可涂染故。"戒法中，为破除贪心，禁止出家人手执持金银宝物。

译文

世尊对众比丘说："你们都听好，从今以后，如在寺院里为求出家者剃发，应当告知寺内的所有比丘。如果僧众不和合，就应当一个房一个房地告知，为出家者剃发。如僧众和合，就应当做告白，然后再为出家者剃发。做告白时应当这样说：各位大德听着，此某甲想求某甲为其剃发，如现在僧众已集齐，众僧愿意接受允许为某甲剃发,要这样告知大家。如想在寺院中度人出家,也应当告白寺内的所有僧人,告知后方可听其出家。

"做告白时应当这样说:各位大德听着,此某甲想跟从某甲出家,如现在僧众集齐,众僧愿意接受允许某甲出家,这样告知大家。告白后,让其出家。教导其穿着袈裟,偏袒右臂,脱去皮鞋,右膝着地,恭敬合掌。教其这样说:我某甲皈依佛、皈依法、皈依僧,追随如来出家。某甲为我的戒和尚,如来正等正觉是我的世尊。第二、三次也这样说,我某甲已皈依佛、法、僧,追随如来出家。某甲为我的戒和尚,如来正等正觉是我的世尊。这样说过三次后,就能够受戒。

"终生不杀害生命,此是沙弥戒法,能持守者请回答能。终生不偷盗,此是沙弥戒法,能持守者请回答能。终生不淫欲,此是沙弥戒法,能持守者请回答能。终生不妄语,此是沙弥戒法,能持守者请回答能。终生不饮酒,此是沙弥戒法,能持守者请回答能。终生不能涂饰香油,此是沙弥戒法,能持守者请回答能。终生不能听视歌舞,此是沙弥戒法,能持守者请回答能。终生不坐高广大床,此是沙弥戒法,能持守者请回答能。终生不食非时食,此是沙弥戒法,能持守者请回答能。终生不蓄金银财宝,此是沙弥戒法,能持守者请回答能。这就是沙弥十戒,终生不得违犯。"

受戒犍度之五

原典

　　世尊有如是教，一切污辱众僧者，不得受具足戒①。时，有欲受戒者，彼将至界外②脱衣看。时，受戒者惭耻，稽留受戒事。尔时，诸比丘以此事往白世尊。

　　世尊言："不得如是露形看，而为授戒。自今已去，听问十三难③事，然后授具足戒。白四羯磨当作如是问：汝不犯边罪，汝不犯比丘尼，汝非贼心入道，汝非坏二道，汝非黄门，汝非杀父、杀母，汝非杀阿罗汉，汝非破僧，汝不恶心出佛身血，汝非是非人，汝非畜生，汝非有二形耶？"

　　佛言："自今已去，听先问十三难事，然后授具足戒。当作白四羯磨，如是授具足戒。尔时，立欲受具足者，置眼见耳不闻处。时，戒师④当作白羯磨言：大德僧听，彼某甲从某甲求受具足戒，若僧时到，僧忍听，某甲为教授师⑤。

　　"白如是，时教授师当往彼，语言：此安陀会⑥、郁多罗僧⑦、僧伽梨⑧、钵，此衣钵是汝有不？彼答言：是。应语言：善男子⑨谛听，今是至诚时，我今当问，汝随我问答，若不实当言不实，若实当言实。汝字何等？和尚[10]字谁？年满二十不？衣钵具足不？父母听汝不？汝非负债人不？汝非奴不？汝非官人不？汝是丈夫不？丈夫有如是病，癞、痈疽、白癞、干痟、颠狂病。汝今有此诸病不？若无，答言无。应语言：如我今问汝，僧中亦当如是问，如汝向者答我，众僧中亦当如是答。

"彼教授师如是问已，还来众僧中，如常威仪，相去舒手相及处立，当如是白：大德僧听，彼某甲从某甲求受具足戒，若僧时到，僧忍听，我已问竟，听将来。白如是，彼唤言汝来，彼来已，当为捉衣钵，教礼僧足已，教在戒师前，右膝着地合掌，当教作如是语：大德僧听，我某甲从某甲求受具足戒。我某甲今从众僧乞受具足戒，某甲为和尚，愿僧慈愍故拔济我。第二、第三亦如是说。

"时，戒师当作白羯磨，如是白：大德僧听，此某甲从某甲求受具足戒，此某甲今从众僧乞受具足戒，某甲为和尚，若僧时到，僧忍听，我问诸难事。

"白如是：善男子听，今是至诚时、实语时，我今问汝，汝当随实答我。汝字何等？和尚字谁？汝年满二十未？三衣钵具不？父母听汝不？汝不负债不？汝非奴不？汝非官人不？汝是丈夫不？丈夫有如是病，癞、痈疽、白癞、干痟、颠狂病，汝今有如是病无？若言无者，当作白四羯磨。

"应如是白：大德僧听，此某甲从某甲求受具足戒，此某甲今从僧乞受具足戒，某甲为和尚。某甲自说清净[11]，无诸难事，年满二十，三衣钵具，若僧时到，僧忍听，僧今授某甲具足戒，某甲为和尚。

"白如是：大德僧听，此某甲从某甲求受具足戒，此某甲今从僧乞受具足戒，某甲为和尚。某甲自说清净，无诸难事，年满二十，三衣钵具。僧今授某甲具足戒，某甲为和尚。谁诸长老忍，僧与某甲授具足戒，某甲为和尚者默然，谁不忍者说。此是初羯磨，第二、第三亦如是说。僧已忍，与某甲受具足戒，某甲为和尚竟，僧忍默然故，是事如是持。"

注释

① **具足戒**：即大戒，略称具戒，指比丘、比丘尼应受持的戒律。因与沙弥、沙弥尼所受十戒相比，戒品具足，故称具足戒。依戒法规定，受持具足戒即正式取得比丘、比丘尼的资格。

我国僧尼自隋唐以降，皆依《四分律》受戒，一般而言，比丘戒有二五〇戒，比丘尼有三四八戒。受此戒有特殊受戒的做法，要具备三师七证、白四羯磨等条件，欲受具足戒者，要身体健康，诸根具足，无有聋盲等病患，身器清净，无有边罪，犯比丘尼、贼住等杂过，具出家相，剃除须发，披着袈裟，已受沙弥（尼）戒，年龄已满二十岁而未逾七十岁之间。具足戒亦仅标示主要戒律，令持戒者由此而于一切境界中精勤修持，择善离恶，趋于圆足，故谓具足戒。

② **界外**：律宗将修道限定范围所在之地域称为结界，区域之内，称界内（即界中）；区域之外，称界外。

③ **十三难**：小乘律法，授具足戒时，教授师为拣别受戒者而设有十三难事，以询问受戒者，如有难事，则不得受具足戒。故比丘于受戒前，先有教授师依罪之轻重，次第向受者问此有无难事。

十三难为：（一）边罪难，先受具足戒，后犯四重禁戒而舍戒，其再来受者；（二）犯比丘尼，于白衣时犯净戒之比丘尼者；（三）贼心入道，为利养活命而出家；（四）破内外道，原为外道，来投佛法，受具竟，还复外道，再舍外道欲入内道者；（五）黄门，指五种不具男性性根者；（六）杀父；（七）杀母；（八）杀阿罗汉；（九）破僧；（十）出佛身血；（十一）非人难，八部之鬼神变化人形者；（十二）畜生难，畜生变为人者；（十三）二形难，兼具男女二根者。

④ **戒师**：又作戒和尚、得戒和尚，即授戒和尚，

为授戒本主，三师之一。指对出家或在家的教徒授戒的僧人。所授之戒律有五戒、十戒、具足戒等。其中新学沙弥受具足戒时，须有三师及七证师，戒师即为此十师之首，于戒坛上，亲自授戒。此外，三师七证等诸师亦泛称为戒师。

⑤ **教授师**：三师之一，于戒场上教授受戒的威仪做法。小乘戒以现前之师为教授师，与羯磨师均为戒腊五年以上者。大乘圆顿戒，则别请弥勒菩萨为教授师。

⑥ **安陀会**：三衣之一，又作安多会、安陀衣、安多卫，意译作内衣、裹衣、作衣、作务衣、中宿衣、中着衣。此衣系由五条布做成，故又称为五条衣。此衣为贴身衬体所用，又称下衣，通常于营作众务或就寝时所穿着，为三衣中最小之衣。

⑦ **郁多罗僧**：三衣之一，又作优多罗僧，意译为上衣、上着衣。即七条衣，为常服中最上者。于斋、讲、礼、诵等诸羯磨事时，必着此衣，故又称为入众衣；又因仅覆左肩，故又称为覆左肩衣。其价值在其他二衣之间，故又称为中价衣。

⑧ **僧伽梨**：三衣之一，又作僧伽胝、僧伽致，即九条以上之衣。又因必须割截后始制成，故称重衣、复衣、重复衣。因其条数多，故称为杂碎衣。为外出及其他庄严仪式时穿着，如入王宫、聚落、乞食及升座说

法、降伏外道等时穿着，故称入王宫聚落衣。又以其为诸衣中最大者，故称大衣。有下中上三位九品之不同，而有"九品大衣"之称。

⑨ **善男子**：指良家之男子。经典中称呼在家众常用此称。"善"，系对信佛闻法而行善业者之美称。经典中有时对比丘亦称善男子。

⑩ **和尚**：指德高望重的出家人。亦译和社、和阇、和上，意译为亲教师、近诵、力生、依学、大众之师。在印度原为师父的俗称，在中国佛教典籍中，一般为对佛教师长的尊称，以后成为僧人的通称。

⑪ **清净**：指远离因恶行所致之过失烦恼。一般常指身、语、意三种清净。

译文

世尊有过这样的教导：凡是能够玷污众比丘的人，都不得受具足戒。当时，有想受戒者，比丘便将他带到修行界外，让其脱掉衣服查验。当时，受戒者感到十分羞愧，使受戒事没有顺利完成。此时，众比丘就将此事禀告世尊。

世尊说："授戒查验时，不能这样赤身裸体看。从今以后，请询问十三难事，然后再授具足戒。做白四羯磨时，十三难事应当这样问：你是否曾先受具足戒，后犯四重禁戒而舍戒，现在又重来受？你是否在未出家时曾侵犯净戒之比丘尼？你是否为利养活命而出家？你是否原为外道投佛法，后还入外道，现在又舍外道来投佛法？你是否为五种不具男性性根者？你是否曾杀父？你是否曾杀母？你是否曾杀阿罗汉？你是否曾破和合僧众？你是否曾出佛身血？你是否是鬼神所变现的人形？你是否是畜生所变现的人形？你是否是具男女两性根的人？"

佛接着说："从今以后，应先问十三难事，然后再授具足戒。授具足戒时应行白四羯磨。有想求具足戒者，应让他站在眼能看到，但耳却听不到的地方。此时戒师当向众僧告白说：各位大德听着，彼某甲要从某甲这里求受具足戒，如众僧已到齐，众僧愿意接受，某甲为教授师。

"这样告白后，教授师就来到求戒者的跟前，对他说：此是内衣、上衣、大衣和钵，此衣钵你自己有吗？求戒者回答说：有。然后再对他说：善男子，你听好，此时是庄严神圣的时刻，我现在来问你，你要随问随答，如实回答，是就说是，不是就说不是。你叫什么名字？你师父的名字叫什么？年满二十岁吗？具足三衣一钵吗？父母允许你受戒吗？你是否负债人？你是否他人奴仆？你是否官人？你是否男子？你是否有这些病：癞病、痈疽、白癞、干痟、癫狂等病？如果没有这些病，就回答说没有。教授师还应对受戒者说：现在我问你的这些话，过一会儿众僧中还要问，你是怎样回答我的，在众僧中也一定要怎样回答。

"教授师问完后，便又回到众僧中，如平时威仪，站在与众僧伸手相及处，这样告白：诸位大德听着，彼某甲要从某甲这里求受具足戒，如众僧已到齐，众僧愿意接受，我已经问毕，听将来的问答吧！接着便唤受戒人过来，教授师为他拿住衣钵，教他向僧众作礼。然后，又教他在戒师面前右膝着地，恭敬合掌，向戒师说：诸位大德，我某甲从某甲求受具足戒。我某甲现在向众僧乞受具足戒，某甲为和尚，愿众僧慈悲怜悯拔济我。然后这样再说两遍、三遍。

"此时，戒师即做一白羯磨说：诸位大德听着，此某甲从某甲求受具足戒，此某甲今从众僧乞受具足戒，某甲为和尚，如现在僧众集齐，众僧愿意接受，我询问诸难事。

"戒师向求戒者问道：善男子你听着，现在是庄重神圣的时刻，我现在向你提问，你要如实回答。你叫什么名字？你师父的名字叫什么？年满二十岁吗？具足三衣一钵吗？父母允许你受戒吗？你是否负债人？你是否他人奴仆？你是否官人？你是否男子？男人有癫病、痈疽、白癞、干痟、癫狂等病，你现在有这些病吗？如回答没有，就应当做白四羯磨。

"应这样告白说：诸位大德，此某甲从某甲求受具足戒，此某甲今从众僧乞受具足戒，某甲为和尚。此某甲自说清净，没有诸多难事，年满二十岁，三衣一钵具足，如众僧已集齐，众僧愿意接受，现在授某甲具足戒，某甲为和尚。

"这样告白：诸位大德，此某甲从某甲求受具足戒，此某甲今从众僧乞受具足戒，某甲为和尚。此某甲自说清净，没有诸多难事，年满二十岁，三衣一钵具足。现在众僧授某甲具足戒，某甲为和尚。哪位长老同意授某甲具足戒，某甲为和尚的请默然；哪位长老如有异议请提出来。这是初羯磨，第二、第三羯磨也如上那样说。众僧同意给某甲授具足戒，某甲为和尚后，羯磨师就宣布：众僧同意，默然无语，此事就按这样处理。"

说戒犍度

原典

尔时，佛在罗阅城。时，城中诸外道①梵志②，月三时集会，月八日、十四日、十五日，众人大集，来往周旋，共为知友，给与饮食，极相爱念，经日供养。时，瓶沙王在阁堂上，遥见大众往诣梵志聚会处，即便向左右人言："今此诸人，为欲何所至？"

答言："王今知之，此城中梵志，月三集会，八日、十四日、十五日，众人来往周旋，共为知友，给予饮食，极相爱念，是故众人往诣梵志聚集处。"

时，瓶沙王即下阁堂，往诣世尊所，头面礼足已，在一面坐，白佛言："今此罗阅城中诸梵志，月三时集会，八日、十四日、十五日，周旋往返，共为知友，给予饮食。善哉！世尊，今敕诸比丘，令月三时集会，八日、十四日、十五日，亦当使众人周旋往来，共为知友，给予饮食。我及群臣亦当来集。"时，世尊默然受王瓶沙语。王见世尊默然受语已，即从座起，头面礼足绕已而去。

时，世尊以此因缘集比丘僧，告言："今此罗阅城中诸梵志，月三时会，八日、十四日、十五日，共相往来周旋，共为知友，给予饮食，极相爱念。汝亦月三时会，八日、十四日、十五日集，亦使众人来往周旋，共为知友，给予饮食，瓶沙王及群臣亦当来集。"

答言："如是，世尊。"

时，诸比丘受教已，月三时集，八日、十四日、十五日。

时，诸比丘欲夜集一处说法，佛言，听说。诸比丘不知何日集，佛言，听十五日、十四日、十三日，若十日、若九日、若八日、若五日、若三日、若二日、若日日说。若说法人少，应次第请说。彼不肯说，佛言不应尔，听应极少下至说一偈[3]。一偈者：诸恶莫作，诸善奉行，自净其意，是诸佛教。若不肯者，当如法治。

尔时，世尊在闲静处思唯作是念言：我与诸比丘结戒，说波罗提木叉[4]，中有信心新受戒比丘，未得闻戒，不知当云何学戒。我今宁可听诸比丘集在一处说波罗提木叉戒。

尔时，世尊从静处出，以此因缘集诸比丘告言："我向者在静处思唯心念言：我与诸比丘结戒，及说波罗提木叉戒，有信心新受戒比丘，未得闻戒，不知当云何学戒。复自念言：我今宁可听诸比丘集在一处说波罗提木叉。以是故，听诸比丘共集在一处说波罗提木叉戒，作如是说：诸大德，我今欲说波罗提木叉戒，汝等谛听，善心念之，若自知有犯者，即应自忏悔，不犯者默然。默然者，知诸大德清净。若有他问者，亦如是答。如是比丘，在众中乃至三问，忆念有罪不忏悔者，得故妄语罪。故妄语者，佛说障道法[5]。若彼比丘忆念有罪，欲求清净者应忏悔，忏悔得安乐。"

尔时，说戒日[6]，有一比丘住处，心自念言：佛制戒应和合集一处说戒,我今当云何?即语诸比丘,诸比丘往白佛。

佛言:"汝等善听,若说戒日,有一比丘住者,彼比丘应诣说戒堂,扫洒令净,敷坐具,具澡水瓶、洗足瓶,然灯火,具舍罗⑦。若有客比丘来,若四、若过四,应先白已,然后说戒。若有三人,各各相向说,今僧十五日说戒,我某甲清净。如是三说。若有二人,亦相向说,今僧十五日说戒,我某甲清净。如是三说。若有一人,应心念口言:今日众僧十五日说戒,我某甲清净。如是三说。"

注释

①**外道**:又作外教、外法、外学,指佛教以外的一切宗教。梵语原意指神圣而应受尊敬的隐遁者。初为佛教称其他教派之语,对此而自称为内道。称佛教以外之经典为外典,称佛教经典为内典。至后世,逐渐附加异见、邪说之义,外道遂成为侮蔑排斥之贬称,意为真理以外的邪法。

诸经论中,将各种外道大致分为两类:一为外外道,即泛指佛教以外的各种教派和学派。二是内外道,指附于佛法或佛教内之妄执一见者,或不如法修行者。

② **梵志**：一指婆罗门，因婆罗门志在求住无垢清净得生梵天，故称为梵志。二通称一切外道出家者。《大智度论》卷五十六："梵志者，是一切出家外道，若有承用其法者，亦名梵志。"

③ **偈**：亦称颂、讽颂，佛经体裁之一。由固定字数的四句组成，种类不一。主要有两种：（一）通偈，固定由梵文三十二音节构成；（二）别偈，共四句，每一句四言、五言、六言、七言等不定。

④ **波罗提木叉**：亦译波罗提目叉、钵喇底木叉，意译为随顺解脱、处处解脱、别别解脱等。为佛教戒律"广律"的第一部分。此戒以防护诸根、增长善法，是诸善法门中的最初门。若持此戒则能远离惑业，解脱一切烦恼。

⑤ **障道法**：指障害涅槃、菩提，遮害解脱出离的烦恼。佛教诸经论说障道法有二障、三障、四障、五障等种类。

⑥ **说戒日**：举行说戒仪式之日，亦即布萨日。印度历法，分每一月为白月与黑月两半，白月即月盈至于满之间，黑月即月亏至于晦之间。于白月、黑月最末一日行说戒仪式。相当于我国阴历每月十五日与三十日。

⑦ **舍罗**：意译筹，即以竹、木、铜、铁等所做的细板，用于教团行灭诤或布萨时计算比丘之数。

译文

那时，佛住在罗阅城中。当时，城里其他教派的出家修道者，每月的八日、十四日、十五日有三次集会，众人云集聚会，来往周旋，相互结为知己朋友，给予饮食，十分亲密友好，整日供养。此时，瓶沙王在楼阁上，远远看到众人往聚会处会合，便问左右的人说："现在这么多人，是到哪里去呢？"

左右人回答说："回禀大王知道，因为城里的外道出家人，在每月八日、十四日、十五日聚会三次，众人云集一处，来往周旋，相互结为知己朋友，给予饮食，十分亲密友好，所以城里的人都去他们的聚会处。"

瓶沙王听后，即下楼阁，来到世尊的住处，恭敬作礼后坐在一边，对佛说："现在罗阅城中的众外道出家人，每月的八日、十四日、十五日聚会三次，往返周旋，相互结为知己朋友，给予饮食。我觉得这很好！世尊，现在可以告诉众比丘，让他们也在每月八日、十四日、十五日集会三次，也使众人参加聚会，往来周旋，相互结为朋友，给予饮食。我和众大臣也要来参加。"此时，世尊默然接受瓶沙王的建议。瓶沙王见世尊默然接受自己的建议，即从座位站起来，恭敬作礼后绕佛而去。

世尊即以此事为由召集众比丘，对他们说："现在罗阅城中的众外道出家人，每月有八日、十四日、十五日三次集会，众人往来周旋，相互结为朋友，给予饮食，十分亲密友好。你们也应每月集会三次，在八日、十四日、十五日集会，也让众人来往周旋，相互结为朋友，给予饮食，届时瓶沙王及众大臣也来参加集会。"

众比丘回答说："是的，世尊。"

此后众比丘遵照世尊的教导，每月于八日、十四日、十五日三次聚会。

那时，众比丘想晚上汇集一处说法，佛表示同意。但众比丘不知哪一天集会，佛说，随便十五日、十四日、十三日，或十日、九日、八日、五日、三日、二日，或日日说。如果说法人少，就应一一次第请说。有不肯说的比丘，佛说，这是不应该的，可以少说一些，乃至于可以只说一偈。所谓一偈就是：莫要作众恶，众善要奉行，自净其心意，即是诸佛教。如有不肯说者，应如法惩治。

那时，世尊独自在闲静处思忖道：我为众比丘制定戒法，解说戒法，中有新受戒的比丘，未能听闻戒法，不知应如何学习戒法。我现在应该让众比丘集会一处，解说戒法。

当时，世尊从闲静处出来，就以此因缘召集众比丘说:"先前我在闲静处思考:我为众比丘制定戒法,解说戒法,但有新受戒的比丘,没有听闻戒法,不知道应如何学戒。我又想道:何不让众比丘集会一处解说戒法。所以,以后请众比丘共集一处解说戒法,应这样说:诸位大德,我现在说戒,你们听着,善心思量,如自知有犯戒的地方,就请自作忏悔,没有犯戒者请默然。默然无语,说明诸位大德都是清净之人。如有他人询问,也应这样回答。比丘在众僧中如此询问三遍后,自己有罪而不忏悔者,犯故意妄语罪。故意妄语,佛说这是妨碍解脱出离的烦恼。如比丘忆念自己有罪,为求清净就应忏悔,忏悔就可以使身心安乐。"

那时,在说戒日里,有一个比丘独住一处,心里想道:佛制定戒法,要我们和合聚集一处说戒,现在我该怎么办呢?随即便去告诉了众比丘,众比丘又去禀告佛。

佛对他们说:"你们听着,如在说戒日,有比丘独住一处,此比丘就应到说戒堂,洒扫干净,铺设坐具,摆好水瓶及洗脚的器具,燃起香烛,准备好计算比丘人数的筹。如有客比丘到来,若来四人或超过四人,此比丘应先告白,然后说戒。若有三人,应一人对着另外两人,三次重申:今日众僧十五日说戒,我某甲清净。如有二人,各自相对,三次说:今日众僧十五日说戒,我某甲清净。如果没有客比丘来，此比丘应独自心念戒律，三次说：今日众僧十五日说戒，我某甲清净。"

安居犍度

原典

尔时，佛在舍卫国祇树给孤独园。时，六群比丘于一切时春夏冬人间游行①。时夏月天暴雨，水大涨，漂失衣钵、坐具、针筒②，蹈杀生草木。

时，诸居士见，皆共讥嫌，沙门释子不知惭愧，蹈杀生草木，外自称言，我知正法。如是何有正法？于一切时春夏冬人间游行，夏天暴雨，水大涨，漂失衣钵、坐具、针筒，蹈杀生草木，断他命根③。诸外道法尚三月安居，此诸释子，而于一切时春夏冬人间游行，天暴雨，水大涨，漂失衣钵、坐具、针筒，蹈杀生草木，断他命根。至于虫鸟，尚有巢窟止住处，沙门释子，一切时春夏冬人间游行，天暴雨，水大涨，漂失衣钵、坐具、针筒，蹈杀生草木，断他命根。

时，诸比丘闻，其中有少欲知足、行头陀、乐学戒、知惭愧者，呵责六群比丘言："汝云何于一切时春夏冬人间游行，夏天暴雨，水大涨，漂失衣钵、坐具、针筒，蹈杀生草木，诸居士于草木中有命根想，令居士讥嫌故得罪耶？"时，诸比丘往世尊所，头面礼佛足，在一面坐，以此因缘具白世尊。

世尊尔时以此因缘集比丘僧，以无数方便呵责六群比丘："汝所为非，非威仪，非净行，非沙门法，非随顺行，所不应为。云何六群比丘于一切时春夏冬人间游行，夏天暴雨，水大涨，漂失衣钵、坐具、针筒，蹈杀生草木，居士于草木有命根想，讥嫌故，令居士得罪。"

以无数方便呵责六群比丘已，告诸比丘："汝不应于一切时春夏冬人间游行，从今已去，听诸比丘三月夏安居。"

尔时，有檀越请比丘言：我欲布施及房舍。彼比丘自念：彼处远，不得即日还，佛未听有如是因缘得去。诸比丘往白佛。

佛言："自今已去，听受七日去。不应专为饮食故，受七日去。除余因缘，若为衣钵、坐具、针筒乃至药草，至第七日应还。"

尔时，诸比丘请余比丘长老来，我等得僧残，为我治覆藏法，本日治摩那埵④出罪。比丘自念：彼处远，不得即日还，佛未听有如是因缘去。诸比丘以此事白佛。

佛言："听有如是事，受七日去，及七日还。"

注释

① **游行**：即遍历修行。指巡行各地，参禅说法，或说法教化。一般游行的僧侣，称为行脚僧。佛制已度五夏（安居）以上的比丘，方可游行人间，随处受学，若未满五夏者，不得游行受学。

② **针筒**：又作箴筒，装缝制法衣用针的容器。一般有铁、铜、铅、竹、木等多种，然律制中言其为象牙骨角之类所做，非任意为之。

③ **命根**：即一切有情众生的寿命。

④ **摩那埵**：又作悦众、意喜。指僧尼犯僧残罪时，于六日六夜期间谨慎忏悔的灭罪方法。即犯僧残罪时，立即发露忏悔，限六日六夜别住于他处，为众僧行苦役，包括清理塔、僧房、大小行处（浴厕）的清洁工作，虽入僧中，不得与他人谈论，于此期间，谨慎忏悔，令众僧欢喜。

译文

那时，佛住在舍卫国的祇树给孤独园中。当时，六恶比丘一年里整天到处游行。夏季暴雨连绵，地上河水泛滥，漂失他们的衣钵、坐具和针筒。雨后他们到处行走，踩杀许多萌发生长的草木。

此时，众居士见了，都讥讽责怪说，沙门释子不知惭愧，踩杀许多萌生的草木，对外自称，我知正法。这样哪里还有正法？一年里到处行走，夏季天下暴雨，河水大涨，漂失他们的衣钵、坐具、针筒，踩杀萌生的草木，断其寿命。其他教派的出家人尚且三月安居，这些沙门释子，却一年里到处游行，天下暴雨，河水大涨，漂失他们的衣钵、坐具、针筒，踩杀萌生的草木，断其寿命。连虫鸟之类，尚且有个巢穴安身休息，这些沙门释子，却一年里到处行走，天下暴雨，河水大涨，漂失他们的衣钵、坐具、针筒，踩杀萌生的草木，断其寿命。

此时，众比丘听到后，其中有少欲知足、修苦行、学戒法、知廉耻的比丘，呵责六恶比丘说："你们为什么要一年里到处游行，夏季暴雨，河水大涨，漂失衣钵、坐具、针筒，踩杀萌生的草木，众居士把无情识的草木当有情识的生物对待，使众居士讥讽责怪比丘而得罪？"众比丘来到世尊的住处，恭敬作礼后坐在一边，将此事禀告世尊。

世尊当时就以此因缘召集众比丘，以各种方便说法呵责六恶比丘说："你们的做法是错误的，不合威仪，不合净行，不合沙门法，不合随顺行，是不应该做的。六恶比丘，你们为什么一年中到处游行，夏天暴雨，河水大涨，漂失衣钵、坐具、针筒，踩杀萌生草木，众居士把无情识的草木当作有情识的生物对待，使众居士讥讽责怪比丘而得罪。"

世尊呵责六恶比丘后，对众比丘说："你们不应该在一年中到处游行，从今以后，众比丘应在夏天三个月雨期安居，不得外出。"

那时，有施主对比丘说：我想将房舍布施。这个比丘想：施主的房舍处离这里太远，我不能当天返还，佛未允许在安居期间因这样的事情而离去。众比丘知道后即去禀告佛。

佛对他们说："自今以后，可以允许离开七天。不应专为饮食的缘故，而受七日法。除去别的原因，如果是因为衣钵、坐具、针筒以至药草等缘故，可以离去，但至第七日应返回。"

当时，有众比丘来请几位大德长老说，因为我等犯僧残罪，请为我们治覆藏法，当日就发露忏悔，治摩那埵出罪。比丘长老想道：彼处离这里远，不能当日返回，佛未允许因这种原因而离去。众比丘将此事禀告佛。

佛对他们说："如有此类事情，允许离去七日，至第七日应该返回。"

自恣犍度

原典

尔时,佛在舍卫国祇树给孤独园。时,有众多比丘,在拘萨罗国,于异住处夏安居。彼作如是念:我曹当云何得安乐住,不以饮食为疲苦?

彼作如是语:"我等当共作制,结安居,不得共语、礼拜、问讯。若先入聚落乞者,先还扫除食器,敷座具,具水器①,具洗足器,具盛食器。各自持食来置食处。若得食多者,先应减留,若足便食。食讫默然还房。

"若次有入聚落乞者,得食便还,持食至食处。若得食多者,应先减留,若足便食,若不足者,取先所留食足食。食讫默然还房。

"若末后入聚落乞者,得食便还,持食至食处。若得食多者,先应减留,若足食便食,若不足者,取先所留者足食之。有余残食,若与乞人,若非人。若无与处,应置净地无草处,若置无虫水中。洗治食器,还复本处,卧具、水器、洗足器及座具还复本处,扫除食处。

"若见水器、洗足器空，若能胜者，即应持还；若不能胜，以手招伴，共持器还复本处。默然还房，不应以此因缘有所说。如是我等可得安乐住，不以食饮为苦。"

作如是制，结安居。自恣②竟，诣舍卫国祇桓中，至佛所头面礼足各坐一面。

时，世尊慰劳诸比丘："汝曹安乐不？饮食足不？住止和合不？不以饮食为疲苦耶？"

诸比丘白佛言："住止安乐，饮食不乏，彼此和合，不以饮食为苦。"

佛问诸比丘："汝等以何方便住止安乐、彼此和合、不以饮食为苦？"诸比丘以向因缘事具白佛。

佛告诸比丘："汝曹痴人，自以为乐，其实是苦；汝曹痴人，自以无患，其实是患；汝曹痴人，共住如似怨家，犹如白羊③。何以故？我无数方便教诸比丘，彼此相教，共相受语，展转觉悟。汝曹痴人，同于外道，共受哑法④。不应如是行哑法，若行哑法，突吉罗。"

佛听诸比丘自恣，诸比丘一时自恣闹乱。诸比丘以此事白佛。

佛言："不应一时自恣，自今已去，听一一自恣。"

诸比丘不求次第，随意自恣，上座疲极。诸比丘以此事白佛。

佛言:"不应随意自恣,应从上座自恣。听差授自恣人白二羯磨⑤。若有五法者,不应差作受自恣人,若爱、若嗔、若怖、若痴、不知自恣未自恣。具如是五法者,不应差受自恣。有五法者,应差作受自恣人,若不爱、不嗔、不怖、不痴、知自恣未自恣。具如是五法者,应差受自恣,应如是差堪能人,若上座、若次座,若诵律若不诵律,堪能羯磨者。

"白二羯磨,当作如是白:大德僧听,若僧时到,僧忍听,僧差某甲比丘作受自恣人。白如是:大德僧听,僧差某甲比丘作受自恣人。谁诸长老忍,僧差某甲比丘作受自恣人者默然,谁不忍者说。僧已忍,差某甲比丘作受自恣人竟,僧忍默然故,是事如是持。"

时,诸比丘欲十四日、十五日自恣。

佛言:"听如是自恣。若王改日,时应随时。"

诸比丘不知今日自恣、明日自恣。诸比丘往白佛。

佛言:"自今已去,听若小食⑥上,(若)中食⑦上,上座唱令,今日众僧自恣。"

复不知用何时,佛言:"听作时相,若打揵稚⑧,若吹呗⑨打鼓,若起烟,若量影,若唱言,今自恣时到。"

尔时,自恣日有异住处,有一比丘住。彼自念言:世尊有教,和合一处共自恣,我当云何?即白诸比丘,诸比丘白佛。

佛言："自恣日于异处有一比丘住，彼应往说戒处，扫洒敷座具，具盛水器，具洗脚器，然灯，具舍罗，为客比丘。若客比丘来五人若过五人，应作白羯磨，差受自恣人。若有四人更互为自恣言，今日众僧自恣，我某甲比丘亦自恣清净。第二、第三亦如是说。若有三人、二人亦如是自恣。若一人心念口言自恣，今日众僧自恣，我某甲比丘自恣清净。第二、第三亦如是说。"

注释

① **水器**：即洒水器。

② **自恣**：意译满足、喜悦，即随他人之意自己举发所犯的过错。僧尼于每年安居期满之日举行检举忏悔集会，请别人尽情揭发自己的过失，自己进行忏悔；同时也随别人的意愿，尽情检举其过。此日称为僧自恣日、僧受岁日。

③ **白羊**：又作哑羊僧，指愚痴之僧。据《大智度论》卷三载，虽不破戒，钝根无慧，无勇猛精进之力，不别善恶，不知轻重，若有僧事，二人共诤，不能断决，默然无言。譬如白羊，乃至被人杀，不能作声，故称为哑羊僧。

④ **哑法**：指不言语之修行法，为外道之修行法。

佛门弟子若修此法，则同于外道，为小乘律法所禁止。僧尼不得受不语法，若欲方便少事，不语仅许半月，于布萨时应共语、问讯、问事、答事。大乘律不禁止。

⑤ **白二羯磨**：又作白一羯磨、白二法，为三种众僧法（单白法、白二法、白四法）之一。白，即告白；羯磨，即办事、做法办事。寺院里做法务时，随事召集寺中僧众进行议决，其议决程序即为一白一羯磨。一般由羯磨师对大众读表白文一次，说明此事情由，继而以一羯磨（表决法）来评定事之可否，如无异处，此事即成。以一白与一羯磨，称白一羯磨，合而称之即白二羯磨。

⑥ **小食**：依佛制，出家之人但于日中一食，若于晨时食，称为小食；于午后食，称为后食，皆不合制。也有将晨食称为轻食，于晨与午之间进食称为小食。

⑦ **中食**：指午前所食之食。佛制过午不食，午后食者即非斋法。

⑧ **揵稚**：又作揵槌、犍稚，为报时的器具。意译为铃、鼓、铎。本为木制，后世多为铜制。依《五分律》卷十八载，诸比丘布萨时，若到时不集，佛乃唱"时至"，敲打揵稚集众。

⑨ **呗**：又作呗匿、婆师，意译为止息、赞叹。以音韵屈曲升降，能契于曲，为讽咏之声，乃梵土之法曲，故称为梵呗。即附以曲调而讽诵经文。

译文

那时,佛住在舍卫国的祇树给孤独园中。当时,在拘萨罗国,有众多比丘在一处夏安居。他们想:我们怎样做才能得到安乐,不以饮食为苦呢?

他们相互说:"我们应当制定一个规矩,即在安居期间,相互间不要说话、礼拜、问讯。如先进村落乞食的人,先返回后,应把吃饭的地方打扫干净,摆设好坐具、洒水器、洗足器以及盛食器等。然后,各自将乞来的饮食放在食处。如果乞食多的,应当先减留一些;如乞食正好够吃便可以吃了。吃完饭后要默然无语,回到自己的房中。

"稍迟进村落乞食的人,乞食后便应返回,持食来到食处。如乞食多的,便应先减留一些;如乞食正好够吃便可以吃了;如乞食不够吃的,可以取先前多乞食者减留的食物吃饱。吃完后应默然无语,回到自己的房中。

"最后进村落乞食的人,乞食后便应返回,持食来到食处。如乞食多的,便应先减留一些;如乞食正好够吃便可以吃了;如乞食不够吃的,可以取先前多乞食者减留的食物吃饱。吃完后如有剩余的饮食,或给予乞丐,或施与鬼神及其他动物。如果没有施与的地方,应当放在无草的净地上，或倒进无虫的水中。然后洗净食器，放回原处；将卧具、洒水器、洗足器以及坐具收拾好，放回原处，将吃饭处打扫干净。

"如果洒水器、洗脚器中已经没水了，气力能胜任者，就应将这些器具放回原处；如果气力不能胜任者，应用手势招呼其他比丘过来，共同抬起，放回原处。然后默然无语，各自回到自己的房中，不应因此事而相互说话。如能这样，我们便可以得安乐，不以饮食为苦。"

众比丘这样约定后，便开始安居。安居期满众比丘做自恣后，便来到舍卫国的祇树给孤独园中，向世尊恭敬作礼后坐在一边。

此时，世尊慰问众比丘说："你们安乐吗？饮食够吗？住止和合吗？不因饮食而奔走劳苦吧？"

众比丘对佛说："我们住止安乐，饮食充足，相互和合共住，没有为饮食而劳苦。"

佛问众比丘说："你们是用什么方法来达到住止安乐，相互和合，不以饮食为苦呢？"众比丘即将安居期间的事禀告世尊。

世尊听罢，对众比丘说："你们真是些蠢人，自以为快乐，实际是痛苦；自以为无忧虑，实际是烦恼。你们相互共住一处，却如同对头冤家，就像被人屠宰也不作声的白羊。为什么这样说呢？我曾以各种方便说法教导众比丘，要相互教化，共相谏诲，使彼此共同觉悟。你们这些蠢人，如同外道，共受哑法。众比丘，你们不应当行哑法，如有行哑法者，犯突吉罗罪。"

佛听任众比丘自恣，众比丘一时间互相检举忏悔，乱语喧哗。众比丘将此事禀告佛。

佛对他们说："众人不应同时检举忏悔，从今以后，要一个一个地检举忏悔。"

众比丘自恣没有顺序，随意检举忏悔，使上座比丘感到疲惫劳苦。众比丘将此事禀告佛。

佛对他们说："不应没有次序，随意检举忏悔，应先从上座比丘开始自恣。先派总检举人向大众白二羯磨。如有以下五法者，不能被指派为总检举人：有爱欲、怨恨、恐怖、愚痴、不知自恣未自恣。如具有以上五法者，不能被指派为总检举人。如具有以下五德者，可以被指派为总检举人，即不爱、不嗔、不怖、不痴、知自恣未自恣。具有自恣五德之人，可以被指派为总检举人。或由上座比丘，或由次座比丘，或诵律或不诵律，来指派能胜任羯磨的人。

"白二羯磨，应这样说：诸位大德听了，如僧已集齐，众僧同意，就指派某甲比丘为总检举人。这样告白：诸位大德听了，众僧指派某甲比丘做总检举人。同意者请默然，如有不同意者，请提出来。如众僧同意某甲比丘做总检举人，羯磨师宣布：众僧同意，默然无语，此事就依此决议处理。"

当时，众比丘想在十四日、十五日自恣。

佛说："可以随你们的意见十四、十五日自恣。如果国王改变日期，你们也要相应变更。"

众比丘不知是该今日自恣，还是应明日自恣。众比丘去禀告佛。

佛说："从今以后，规定或在吃早饭时，或在午前吃饭时，由上座比丘高声宣布：今日众僧自恣。"

比丘仍不知准确的自恣时间，佛说："到时请注意通知方式，或敲打揵稚，或吹呗打鼓，或起烟，或测量日影，或高声宣布，现在自恣时到。"

当时，在自恣日，有一个比丘独住一处。他想：世尊教导我们，自恣日要众比丘和合一处共同检举忏悔，我现在该怎么办呢？即去告诉了众比丘，众比丘又去告诉佛。

佛说："在自恣日，如有独住一处的比丘，应前往说戒处，洒扫干净，铺设坐具，摆好盛水器、洗脚器，燃起灯火供香，准备好计算比丘人数的筹，看是否有客比丘来。如有五个或超过五个的客比丘到来，便应按正常仪式做白羯磨，指派受自恣人。如果有四个比丘，就应相互自恣说：今日众僧自恣，我某甲比丘亦自恣清净。共说三次，就可以展开检举揭发。如有三人或二人也应这样举行自恣。如果只有比丘一人，就只好独自心念口言，自觉进行忏悔说：今日众僧自恣，我某甲比丘自恣清净。这样共说三次。"

3 第三分

衣犍度之二

原典

尔时，世尊出王舍城，南方人间游行。中道见有田，善能作事，畦畔齐整。见已告阿难："汝见此田不？"

答言："已见，世尊。"

佛问阿难："汝能为诸比丘作如是衣法[①]不？"

答言："能。"

佛语阿难："汝往教诸比丘。"

时，阿难从彼还王舍城，教诸比丘作如是割截衣[②]：此是长条，此是短条，此是叶，此第一缝，此第二缝，此是中缝，此条叶两向。时，王舍城多着割截衣。

尔时，世尊南方人间游行已，还王舍城，见诸比丘多着割截衣，告言："阿难聪明大智慧，我为略说，而能广解其义。过去诸如来无所着，佛弟子着如是衣，如我今日。未来世诸如来无所着，佛弟子着如是衣，如我今日。刀截成沙门衣，不为怨贼所剥。从今日已去，听诸比丘作割截安陀会、郁多罗僧、僧伽梨。"

尔时，世尊在静处思唯，心自念言：诸比丘在道路行，多担衣，有头上戴，或有肩上担，或有带着腰中。见已作如是念：宁可为诸比丘制衣③多少，过不得畜。时，世尊初夜在露地坐，着一衣；至中夜觉身寒，即着第二衣；至后夜觉身寒，着第三衣。时，世尊作如是念：当来世善男子不忍寒者，听畜三衣④足。我听诸比丘畜三衣不得过。

夜过已，世尊以此事集比丘僧，告言："我在静处思唯，诸比丘在道行大担衣，或头上戴，肩上担，带着腰中。见已作如是念：我今宁可为诸比丘制衣多少，过者不得畜。我于初夜在露地坐，着一衣；至中夜觉寒，着第二衣；至后夜觉寒，着第三衣。我作如是念：当来世善男子不忍寒者，畜三衣足。我今宁可制诸比丘畜三衣，若过不得畜。自今已去，听诸比丘畜三衣，不得过畜。"

注释

①**衣法**：即僧服的制法。

②**割截衣**：法服制法。首先割截成小布片，而后再缝合而成。这是为了杜防法衣挪为他用，并使僧尼舍离对服饰的欲心，以及为避免他人盗取而有此制衣法。依此方法所裁之衣，即称为割截衣。反之，若不依规定所裁之衣，则称缦衣。

③**制衣**：即比丘之三衣、比丘尼之五衣。是佛所制定须受持之衣，违者犯戒。

④**三衣**：指原始僧团准许个人拥有的三种衣服，即僧伽梨（大衣）、郁多罗僧（上衣）、安陀会（内衣）。为比丘随身之物。

译文

那时，世尊离开王舍城，向南方游行，教化布道。在中途见有一块田地，畦径分明，田界整齐。世尊看到后对弟子阿难说："你看到这块田了吗？"

阿难回答说："看到了，世尊。"

世尊就问阿难："你能为众比丘做这种样式的衣服吗？"

阿难回答说："可以。"

世尊告诉阿难说："那你就去教授众比丘吧！"

此时，阿难就从那里返回王舍城，教众比丘做这样的割截衣：这是长布条，这是短布条，这是布叶，这是第一缝，这是第二缝，这是中缝，这片条叶朝着两面，等等。这样，王舍城中，比丘大多穿着割截衣。

此时，世尊从南方布道后回到王舍城，见到众比丘大多穿着割截衣，高兴地说："阿难真是智慧聪明，我仅为他简略地说了一下，而他却能体会其中的深义。过去诸佛及其弟子也穿像我们今天所穿着的衣服，未来世诸佛及其佛弟子也能穿上像我们今天所穿着的这样的衣服。用刀将布截成小布片，再缝合成沙门所穿的衣服。这种制法，可以避免衣服被怨贼盗取。从今以后，听任众比丘按此割截制衣法制作内衣、上衣和大衣。"

那时，世尊在闲静处思唯，想到：众比丘在道路上行走，大多担负着许多衣服，有的顶在头上，有的挑在肩上，有的系在腰中。世尊想：应该为众比丘制定所应受持衣服的多少，超过则不能留存。此时，世尊于初夜坐在露地，只穿一件衣服；至中夜，感到身上有些冷，便加了一件；到后半夜，又觉得身上寒冷，便穿了第三件衣服。经过这样亲身体验，当时世尊便决定：如以后善男子不耐寒冷的，可听任拥有大衣、上衣、内衣三衣。应吩咐众比丘不得超过三件衣服。

第二天,世尊即以此事为由召集众比丘,对他们说:"我先前在静处思唯,众比丘在路上行走,大多担负着衣服,或顶在头上,或肩上挑着,或系在腰中。见后我想:现在应该为众比丘制定所应受持衣服的多少,超过则不能留存。于是,我于初夜坐在露地,只穿了一件衣服;至中夜,感到身上有些冷,便加了一件;到后半夜,又觉得身上寒冷,便穿了第三件衣服。然后我便想:以后善男子不耐寒冷的,有三件衣就够了。我现在作一规定,众比丘只准拥有大衣、上衣、内衣三衣,不得超过。从今以后,听任众比丘拥有三衣,不得超过。"

比丘尼犍度第十七

原典

尔时,世尊在释翅瘦尼拘律园。时,摩诃波阇波提①与五百舍夷②女人俱诣世尊所,头面礼足却住一面,白佛言:"善哉!世尊,愿听女人于佛法中得出家为道。"

佛言:"且止,瞿昙弥③,莫作是言,欲令女人出家为道。何以故?瞿昙弥,若女人于佛法中出家为道,令佛法不久。"

尔时，摩诃波阇波提闻世尊教已，前礼佛足，绕已而去。

尔时，世尊从释翅瘦与千二百五十弟子人间游行，往拘萨罗国，从拘萨罗还至舍卫国祇桓精舍。时，摩诃波阇波提闻佛在祇桓精舍，与五百舍夷女人，俱共剃发披袈裟，往舍卫国祇桓精舍，在门外立，步涉破脚，尘土坌身，涕泣流泪。

尔时，阿难见已，即往问言："瞿昙弥，何故与舍夷五百女人剃发披袈裟，步涉破脚，尘土坌身，在此涕泣流泪而立耶？"

彼即答言："我等女人于佛法中不得出家受大戒④。"

阿难语言："且止，我为汝往佛所求请。"

尔时，阿难即至世尊所，头面礼足却住一面，白佛言："善哉！世尊，愿听女人在佛法中出家受大戒。"

佛告阿难："且止，莫欲令女人于佛法中出家受大戒。何以故？若女人在佛法中出家受大戒，则令佛法不久。譬如阿难，有长者家男少女多，则知其家衰微。如是，阿难，若女人在佛法中出家受大戒，则令佛法不久。又如好稻田而被霜雹，即时破坏。如是，阿难，若女人在佛法中出家受大戒，即令佛法不久。"

阿难白佛言："摩诃波阇波提于佛有大恩。佛母命过，乳养世尊长大。"

佛语阿难："如是，如是，于我有大恩。我母命过，乳养令我长大。我亦于摩诃波阇波提有大恩，若人因他得知佛、法、僧，此恩难报，非衣、食、床、卧具、医药所能报恩。我出世令摩诃波阇波提知佛、法、僧亦如是。"

佛告阿难："若有人因他信佛、法、僧，此恩难报，非衣、食、床、卧具、医药所能报恩。我出世令摩诃波阇波提信乐佛、法、僧亦如是。"

佛语阿难："若有人因他得归依佛、法、僧，受持五戒，知苦、知集、知尽、知道，于苦、集、尽、道⑤无有狐疑，若得须陀洹果⑥断诸恶趣⑦，得决定入正道⑧，七返生死便尽苦际。阿难，如是人恩难可报，非衣、食、床、卧具、医药所能报恩。我出世令摩诃波阇波提受三自归⑨，乃至决定得入正道亦如是。"

阿难白佛："女人于佛法中出家受戒，可得须陀洹果乃至阿罗汉果不？"

佛告阿难："可得。"

阿难白佛："若女人于佛法中出家受大戒，得须陀洹果乃至阿罗汉果者，愿佛听出家受大戒。"

佛告阿难："今为女人制八尽形寿不可过法⑩，若能行者，即是受戒。何等八？

"虽百岁比丘尼，见新受戒比丘，应起迎逆礼拜，与敷净座请令坐。如此法应尊重、恭敬、赞叹，尽形寿不得过。

"阿难，比丘尼不应骂詈比丘、呵责，不应诽谤言：破戒⑪、破见⑫、破威仪⑬。此法应尊重、恭敬、赞叹，尽形寿不得过。

"阿难，比丘尼不应为比丘作举、作忆念、作自言，不应遮他觅罪、遮说戒、遮自恣；比丘尼不应呵比丘，比丘应呵比丘尼。此法应尊重、恭敬、赞叹，尽形寿不得过。

"式叉摩那⑭学戒已，从比丘僧乞受大戒。此法应尊重、恭敬、赞叹，尽形寿不得过。

"比丘尼犯僧残罪，应在二部僧⑮中半月行摩那埵。此法应尊重、恭敬、赞叹，尽形寿不得过。

"比丘尼半月从僧乞教授。此法应尊重、恭敬、赞叹，尽形寿不得过。

"比丘尼不应在无比丘处夏安居。此法应尊重、恭敬、赞叹，尽形寿不得过。

"比丘尼僧安居竟，应比丘僧中求三事自恣，见、闻、疑。此法应尊重、恭敬、赞叹，尽形寿不得过。

"如是阿难，我今说此八不可过法，若女人能行者，即是受戒。譬如有人于大水上安桥梁而渡。如是阿难，我今为女人说此八不可过法，若能行者，即是受戒。"

尔时，阿难闻世尊教已，即往摩诃波阇波提所，语言："女人得在佛法中出家受大戒。世尊为女人制八不可过法，若能行者，即是受戒。"即为说八事如上。

摩诃波阇波提言："若世尊为女人说此八不可过法，我及五百舍夷女人当共顶受。阿难，譬如男子、女人年少净洁庄严，若有人与洗沐头已，止于堂上，持优钵罗华⑯鬘、阿希物多华鬘、瞻婆华鬘、苏曼那华鬘、婆师华⑰鬘授与彼，彼即受之系置头上。如是，阿难，世尊为女人说八不可过法，我及五百舍夷女人当共顶受。"

时，阿难即往世尊所，头面礼足已，却住一面，白佛言："世尊为女人说八不可过法，摩诃波阇波提等闻已顶受。譬如男子、女人年少净洁庄严，若有人洗沐头已，止于堂上，持诸华鬘授与彼，彼即两手受之系置头上。"

"如是，阿难，摩诃波阇波提及五百女人得受戒。"佛告阿难："若女人不于佛法出家者，佛法当得久住五百岁。"

阿难闻之不乐，心怀悔恨，忧恼涕泣流泪。前礼佛足，绕已而去。

注释

①**摩诃波阇波提**：又作摩诃卑耶和题，或略称波阇波提，意译作大爱道、大胜生主、大世主。又称波提夫人，即佛母摩诃摩耶之妹，释迦牟尼佛的姨母。释尊出世七日，母摩耶夫人即谢世，由姨母代为养育。

释尊成道后第五年，释尊之父净饭王命终，大爱道遂率耶输陀罗及五百释迦族女，请求从释尊出家，为佛门有比丘尼之始。出家后，亲自统理比丘尼，住于精舍附近的尼院，为请求出家之女众授具足戒，助佛陀化导四方。

②**舍夷**：佛陀出家前有五种俗姓，即瞿昙、甘蔗、日种、舍夷、释迦。舍夷为五姓之一。据《佛本行集经》卷五载，净饭王六代之祖被射杀，从血块中生二茎甘蔗，后更由甘蔗生一男一女，姓为甘蔗，别称为日种，其四子移于北，倡释迦姓，复别称为舍夷。

③**瞿昙弥**：又作憍昙弥、瞿答弥，或作瞿夷，为释迦族女子的通称。在诸经中，特尊称佛陀的姨母摩诃波阇波提为瞿昙弥。

④**大戒**：即具足戒，为比丘、比丘尼所守之戒。

⑤**苦、集、尽、道**：为四种真实不妄、正确无误的真理，称为四谛、四圣谛。（一）苦谛，是对社会人

生以及自然环境所作的价值判断。以为世俗世间的一切，本性都是苦。（二）集谛，亦名习谛，指造成世间人生及其苦痛的原因，即佛教通常所谓的业与惑。（三）灭谛，尽即灭。指断灭世俗诸苦得以产生的一切原因，是佛教一切修行所要达到的目的。也就是根绝集谛所包括的一切业与惑，达到涅槃解脱的境界。（四）道谛，指超脱世间因果轮回关系而达到出世间涅槃寂静的一切理论说教和修习方法。

⑥ **须陀洹果**：为声闻乘四果中最初的圣果。又称初果，即断尽见惑的圣者所得的果位。全称须陀般那，旧译入流、至流，新译预流。入流，意指初入圣者之流；预流，指初证圣果者，预入圣道法流。

⑦ **恶趣**：又作恶道。趣，为往道之意。即由恶业所感，而应趣往的处所。一般以地狱、饿鬼、畜生称为三恶趣、三恶道。依嗔恚而趣往地狱，依贪欲趣往饿鬼，依愚痴趣往畜生。

⑧ **正道**：指中正之道，即趣向涅槃的正直大道。广义而言，与邪道、恶道相对的佛道即称正道；狭义而言，即指正见、正思唯、正语、正业、正命、正精进、正念、正定的八正道。

⑨ **三自归**：又作三皈依、三归、三归戒。三自归即皈依，依靠佛、法、僧三宝，并请求救护，以解脱一

切苦。三自归为成为佛教徒所必经的仪式。

⑩ **八尽形寿不可过法**：又作八敬法、八重法、八尊师法、八不可违法、八敬戒，单称八敬，即比丘尼尊重、恭敬比丘之八种法。如来成道后，姨母摩诃波阇波提等五百女人要求出家，佛不允许，因为正法千年，若度女人，则减五百。阿难代为三请，佛即制定八敬法，若彼等能遵守，则听彼等出家，摩诃波阇波提等顶戴信受，遂得戒。八敬法为：（一）虽百岁比丘尼，见新受戒的比丘，亦应起而迎逆礼拜，与敷净座而请坐；（二）比丘尼不得骂谤比丘；（三）比丘尼不得举比丘之罪，说其过失；（四）式叉摩那（学法女）学戒毕，应从众僧求受大戒；（五）比丘尼犯僧残罪，应于半月内在二部僧中行摩那埵；（六）比丘尼应于半月中从僧求乞教授；（七）比丘尼不应于无比丘处夏安居；（八）比丘尼夏安居竟应于比丘僧中求三事以自恣忏悔。

⑪ **破戒**：又作犯戒，与"持戒"相对，即毁破所受持之戒律。所犯之戒法不同，治罚亦异。《四分律》卷五十九载，有破戒五种过，称为破戒五过，即自害、为智者所呵斥、恶名流布、临终生悔、死堕恶道等。

⑫ **破见**：指以邪见破坏正见。意义与谤法相同，在佛法则为至极重罪。

⑬ **破威仪**：受戒者若犯戒所制止的罪过则为破戒。

据《四分律》卷四十六载，犯波罗夷、僧残、偷兰遮等重罪，称为破戒；若犯波逸提、波罗提提舍尼、突吉罗、恶说等轻罪，则称破威仪。

⑭ **式叉摩那**：又作式叉摩那尼、式叉摩尼、式叉尼，意译作学戒女、正学女、学法女。为七众之一，出家五众之一。即未受具足戒前学法中的尼众。受具足戒前，凡二年内，须修学四根本戒和六法，学习一切比丘尼的戒行，借此二年时间，以验知是否有妊，并借修行戒法磨炼其性情，使习惯出家生活，以坚固其道心。

四根本戒即戒淫、戒盗、戒杀、戒大妄语等四重戒。六法指染心相触、盗人四钱、断畜生命、小妄语、非时食、饮酒。据《瑜伽师地论》之说，女人多烦恼，故须行此渐次受戒之法。

⑮ **二部僧**：比丘与比丘尼，合称二僧伽，又作二部众、二部僧、二众。

⑯ **优钵罗华**：优钵罗，即睡莲，意译为青莲花。

⑰ **婆师华**：婆利师迦花的略称。又作婆利师花、婆师迦花，产于印度，属木犀科植物，乃素馨的一种，花白色，甚香。

译文

那时，世尊住在释翅瘦尼拘律园中。当时，世尊的姨母摩诃波阇波提带领五百名释迦族的妇女来到世尊的住处，向世尊恭敬作礼后站在一边，对世尊说："世尊，恳请您允许女人出家修持佛法。"

世尊回答说："且慢！瞿昙弥，请不要说想让女人出家修持佛道这样的话。为什么呢？瞿昙弥，因为如果女人在佛法中出家修道，会使佛法不久住世间。"

当时，摩诃波阇波提听了世尊的话，便恭敬作礼，绕佛而去。

那时，世尊与一千二百五十名弟子游行化导，宣说教法，从释翅瘦到拘萨罗国，又从拘萨罗国返回舍卫国的祇树给孤独园。当时，摩诃波阇波提听说佛已回到祇树给孤独园，便带领剃除头发、穿着袈裟的五百名释迦族女子，来到舍卫国祇树给孤独园，立在门外。因长途跋涉，脚底起泡流血，满身尘土，哭泣不已。

此时，阿难看见，便过来问道："瞿昙弥，为什么要和释迦族的五百名女子剃除头发，身着袈裟，长途跋涉，伤腿破脚，风尘仆仆，立在此处涕泣流泪呢？"

摩诃波阇波提回答说："因为我们女人在佛法中不得出家受具足戒。"

阿难说："你们且不要哭泣，我为你们去向佛求情。"

当时，阿难便来到世尊的住处，向世尊恭敬作礼后站在一边，对佛说："世尊，请求您允许女人在佛法中出家受具足戒。"

佛告诉阿难说："且慢！不要想让女人在佛法中出家受大戒。为什么呢？因为如果让女人在佛法中出家受具足戒，会使佛法不久住人间。阿难，好比说一户人家，男人少，女人多，那就可以知道这一家人是衰落了。同样的道理，阿难，如果让女人在佛法中出家受具足戒，也会使佛法衰微，不久住人间。又好比丰收在望的稻田遭霜雹而打。同样的道理，如果女人在佛法中出家受具足戒，也会使佛法不久住人间。"

阿难听后，对佛说："摩诃波阇波提对佛有大恩。佛母谢世后，全仗她将世尊哺育长大。"

佛对阿难说："是的，是的，摩诃波阇波提的确对我有大恩情。我母谢世后，全仗她哺育我长大。其实，我对摩诃波阇波提也有大恩。如果有人因某人而闻知佛、法、僧，此恩难以报答，并非以衣、食、床、卧具、医药等供养所能报答。我出家修道，让摩诃波阇波提闻知佛法，也是同样的道理。"

佛又对阿难说："如有人因某人而信仰佛、法、僧，此恩难以报答,并非以衣、食、床、卧具、医药等供养所能报答。我出家修道,使摩诃波阇波提信乐佛、法、僧,也是同样的道理。"

接着,佛又对阿难说:"如有人因某人皈依佛、法、僧,受持五戒,懂得人生是苦,知道造成苦痛的原因,知道断灭诸苦后的解脱境界以及灭苦的方法和途径,对苦、集、灭、道四圣谛坚信不疑,如能修得断尽见惑的须陀洹果位,断灭地狱、饿鬼、畜生三恶道,入趣向涅槃的正道,经七次轮回便可根绝世俗诸苦,达到解脱境地。阿难,这种人的恩情是难以报答的,不是以衣、食、床、卧具、医药等供养所能报答的。我出家使摩诃波阇波提能发心受三皈依,以至决定入正道修持佛法,也是同样的道理。"

阿难问佛说:"女人在佛法中出家受具足戒,是否能修得须陀洹初果,以至阿罗汉果位?"

佛告诉阿难说:"可以修得。"

阿难听后即对佛说:"如果女人在佛法中出家受具足戒,能够修得须陀洹初果以至阿罗汉果位,恳求世尊允许她们出家受具足戒。"

佛告诉阿难说:"如今为女人制定终生八不可过法,如能遵行持守者,即可以受戒。所谓八不可过法,即:

"一、虽百岁比丘尼,见新受戒比丘,亦应起而对面礼拜，给敷设净座，并请他坐。此法应尊重、恭敬、赞叹，终生不得违犯。

"二、比丘尼不应骂詈呵责比丘，不应诽谤言：破戒、破见、破威仪。此法应尊重、恭敬、赞叹，终生不得违犯。

"三、比丘尼不应为比丘作举、作忆念、作自言，不应遮他觅罪、遮说戒、遮自恣；比丘尼不应呵比丘，比丘应呵比丘尼。此法应尊重、恭敬、赞叹，终生不得违犯。

"四、式叉摩那学戒毕，应从比丘僧乞受大戒。此法应尊重、恭敬、赞叹，终生不得违犯。

"五、比丘尼犯僧残罪，应在二部僧中半月行摩那埵。此法应尊重、恭敬、赞叹，终生不得违犯。

"六、比丘尼应于半月中从比丘求乞教授。此法应尊重、恭敬、赞叹，终生不得违犯。

"七、比丘尼不应在无比丘处夏安居。此法应尊重、恭敬、赞叹，终生不得违犯。

"八、比丘尼僧安居竟，应往比丘僧中求三事自恣，即凡比丘僧对比丘尼有从见、闻、疑三种情形下得知的罪行，均可随意说出，即是三事自恣。此法应尊重、恭敬、赞叹，终生不得违犯。

"阿难，我今天制定此八不可过法，如果女人能遵行奉持,即可受大戒。就好比有人在大河上架设桥梁而渡。阿难,我今天为女人说此八不可过法,如能行持,即是受戒。"

当时,阿难听了世尊的话后,马上就到摩诃波阇波提的住处,告诉她说:"女人可以在佛法中出家受具足戒。世尊为女人制定了八不可过法,如果女人能够持守,便可以受戒。"阿难即把八不可过法说给摩诃波阇波提听。

摩诃波阇波提听后说:"世尊为女人制定此八不可过法,我和五百名释迦族的女子应当顶戴信受。阿难,这就好比是青年男女,洁净端庄,如有人为他们洗沐头发,并在堂上将色彩艳丽、幽香芬芳的青莲花、婆师华等各色鲜花送给他们,他们一定会欣喜接受并系在头上。阿难,同样的道理,世尊为我们制定八不可过法,我和五百释迦族女子都当顶戴信受。"

阿难听后,即又返回世尊的住处,恭敬作礼后站在一边,禀告佛说:"世尊为女人制定八不可过法,摩诃波阇波提等女人听后欣然顶戴信受。就好像是青年男女,洁净端庄,如有人为他们洗沐头发,并在堂上将各色艳丽的鲜花送给他们,他们一定会两手恭敬接过,高兴地系在头上。"

佛听后对阿难说:"这样,阿难,摩诃波阇波提及五百名释迦族女人都可以得受大戒。"佛转而又对阿难说:"如果女人不在佛法中出家受戒,佛法可以多住世间五百年。"

阿难听后,闷闷不乐,心怀悔恨,涕泣流泪,向佛恭敬作礼,绕佛而去。

原典

时,有余女人欲受戒者,彼比丘尼将往佛所,中道遇贼,贼即将毁辱戏弄。诸比丘尼语诸比丘,诸比丘白佛。

佛言:"自今已去,听彼比丘尼即与出家受大戒。应如是与出家。若欲在比丘尼寺内剃发者,应白僧,若一一语令知,然后剃发。应作如是白:大姊①僧听,此某甲欲从某甲求剃发,若僧时到,僧忍听,为某甲剃发,白如是。应作如是白已,为剃发。

"若欲在比丘尼寺内出家者,应白僧,若一一语令知。应作如是白:大姊僧听,此某甲从某甲求出家,若僧时到,僧忍听,与某甲出家,白如是。应作如是白已,与出家。

"应作如是出家:教出家者与着袈裟已,右膝着地合掌,教作如是言:我阿姨某甲,归依佛、法、僧,我今随佛出家，和尚某甲，如来无所着②等正觉是我世尊。第二、第三亦如是说，我阿姨某甲，归依佛、法、僧竟。我今随佛出家已，和尚某甲，如来无所着是我世尊。如是第二、第三说已，应授戒。

"尽形寿不杀生，是沙弥尼③戒，若能持者答言能。尽形寿不得偷盗，是沙弥尼戒，若能持者答言能。尽形寿不得淫，是沙弥尼戒，若能持者答言能。尽形寿不得妄语，是沙弥尼戒，若能持者答言能。尽形寿不得饮酒，是沙弥尼戒，若能持者答言能。尽形寿不得着华鬘、香油涂身，是沙弥尼戒，若能持者答言能。尽形寿不得歌舞倡伎，不得往观，是沙弥尼戒，若能持者答言能。尽形寿不得高广大床上坐，是沙弥尼戒，若能持者答言能。尽形寿不得非时食，是沙弥尼戒，若能持者答言能。尽形寿不得捉持生像金银宝物，是沙弥尼戒，若能持者答言能。如是沙弥尼十戒，尽形寿不应犯。

注释

① **大姊**：对妇女的称呼。于经典中记载是对比丘尼，或出家人对在家女子的尊称。

② **无所着**：为佛十号之一。意译为应供，音译为阿罗汉。意指应受人天之供养。因佛不着尘染，故称无

所着。

③ **沙弥尼**：全称室罗摩拏理迦，意译为勤策女、息慈女。出家五众之一。指初出家受持十戒而未受具足戒的女子。与沙弥、式叉摩那合称三小众，其受持十戒与沙弥相同。

译文

那时，有一些女人想受大戒，比丘尼就领着她们去世尊的住处，中途遇上贼人，遭贼人的侮辱戏弄。众比丘尼即去告诉了众比丘，众比丘又去禀告了佛。

佛对他们说："从今以后，允许在比丘尼中即刻使其出家受戒。如果是在比丘尼寺里剃发者，应先当众告知，或一一告知众比丘尼，然后才可剃发。应这样告白说：诸位大姊僧听，此某甲欲从某甲求剃发，如现在僧众已集齐，众尼同意，准某甲剃发，告白大家。这样告白后，便可剃发。

"如果是想在比丘尼寺内出家者，或当众告知众比丘尼，或一一告知。应这样告白说：诸位大姊僧听，此某甲从某甲求出家，如现在众僧已集齐，众尼同意，准许某甲出家，告白大家。这样告白后，便可准其出家。

"出家仪式应是这样：先教出家者穿着袈裟，然后右膝着地，恭敬合掌，这样说：我某甲皈依佛、法、僧，我如今随佛出家，某甲为和尚，如来无所着正等正觉是我世尊。第二、第三次也这样说，我某甲已皈依佛、法、僧，我如今已随佛出家，某甲为和尚，如来无所着正等正觉是我世尊。这样说三次后，便可以授戒。

"终生不杀生，是沙弥尼戒，如能持守者，回答能。终生不偷盗，是沙弥尼戒，如能持守者，回答能。终生不淫欲，是沙弥尼戒，如能持守者，回答能。终生不妄语，是沙弥尼戒，如能持守者，回答能。终生不饮酒，是沙弥尼戒，如能持守者，回答能。终生不涂饰香油花鬘，是沙弥尼戒，如能持守者，回答能。终生不听视歌舞，是沙弥尼戒，如能持守者，回答能。终生不坐高广大床，是沙弥尼戒，如能持守者，回答能。终生不食非时食，是沙弥尼戒，如能持守者，回答能。终生不蓄金银财宝，是沙弥尼戒，如能持守者，回答能。这就是沙弥尼十戒，终生不应违犯。

原典

"听童女①十八者，二年中学戒，年满二十，比丘尼僧中受大戒。若年十岁曾出嫡者，听二年学戒，满二十二与受戒。应如是与二岁学戒沙弥尼，应往比丘尼僧中，偏露右肩，脱革屣，礼比丘尼僧足已，右膝着地，合掌白如是言：大姊僧听，我某甲沙弥尼，从僧乞二岁学戒，和尚尼某甲，愿僧慈愍故，与我二岁学戒。如是第二、第三说。

"应将沙弥尼往离闻处着见处已，众中应差堪能作羯磨者，如上应作白：大姊僧听，此某甲沙弥尼，今从僧乞二岁学戒，和尚尼某甲。若僧时到，僧忍听，与某甲沙弥尼二岁学戒，和尚尼某甲。白如是：大姊僧听，此某甲沙弥尼，今从僧乞二岁学戒，和尚尼某甲，僧今与某甲沙弥尼二岁学戒，和尚尼某甲，谁诸大姊忍，僧与沙弥尼某甲二岁学戒、和尚尼某甲者默然；谁不忍者说。是初羯磨，如是第二、第三说。僧已忍，与某甲沙弥尼二岁学戒，和尚尼某甲竟，僧忍默然故，是事如是持。

"应如是与六法②。某甲谛听，如来无所着等正觉说六法，不得犯不净行、行淫欲法。若式叉摩那行淫欲法，非式叉摩那，非释种女。与染污心男子共身相摩触犯戒，应更与戒，是中尽形寿不得犯，若能持者答言能。

"不得偷盗，乃至草叶。若式叉摩那取人五钱，若过五钱，若自取，教人取，若自斫，教人斫，若自破，教人破，若烧，若埋，若坏色，非式叉摩那，非释种女。若取减五钱犯戒，应更与戒，是中尽形寿不得犯，若能者答言能。

"不得故断众生命乃至蚁子。若式叉摩那故自手断人命,求刀授与,教死,劝死,赞死,若与人非药,若堕人胎,厌祷咒术,自作,教人作,非式叉摩那,非释种女。若断畜生不能变化者命犯戒,应更与戒,是中尽形寿不得犯,若能者答言能。

"不得妄语乃至戏笑。若式叉摩那不真实,无所有,自称言得上人法,言得禅,得解脱[3],得定[4],得正受[5],得须陀洹果乃至阿罗汉果,天来、龙来、鬼神来供养我,此非式叉摩那,非释种女。若于众中故作妄语犯戒,应更与戒,是中尽形寿不得犯,若能者答言能。

"不得非时食。若式叉摩那非时食犯戒,应更与戒,是中尽形寿不得犯,若能者答言能。

"不得饮酒。若式叉摩那饮酒犯戒,应更与戒,是中尽形寿不得犯,若能者答言能。式叉摩那于一切比丘尼戒中应学,除为比丘尼过食,自取食食。

"应求和尚作如是言:大姊,我某甲今求阿姨为和尚,愿阿姨为我作和尚,我依阿姨故得受大戒。如是第二、第三说。

"和尚应答言:可尔。若式叉摩那学戒已,若年满二十、若满十二,应与受大戒。白四羯磨应如是与戒,将受戒人离闻处着见处,是中戒师应差教授师:大姊僧听,此某甲从和尚尼某甲求受大戒,若僧时到僧忍听,某甲为教授师,白如是。

"教授者应至受戒人所,语言:汝此安陀会、郁多罗僧、僧伽梨,此僧竭支⑥、覆肩衣⑦,此是钵。此是汝衣钵不?谛听,今是真诚时,我今问汝,有便言有,无当言无,汝字何等?和尚字谁?年满二十不?衣钵具不?父母若夫主为听汝不?不负人债不?非婢不?是女人不?女人有如是诸病:癞、白癞、痈疽、干痟、癫狂、二根、二道合道、大小便常漏、大小便涕唾常出,汝有如是诸病不?若答言无。应语言:如我向者所问,僧中亦当如是问汝,汝亦当作如是答。

"彼教授师问已,应还至僧中,如常威仪至舒手及比丘尼处立,应作白:大姊僧听,此某甲从和尚尼某甲求受大戒,若僧时到,僧忍听,我已教授竟,听使来。白如是,彼应语言来,来已,应为捉钵,教礼比丘尼僧足。在戒师前,胡跪⑧合掌,白如是言:大姊僧听,我某甲从和尚尼某甲求受大戒,我某甲今从僧乞受大戒,和尚尼某甲,众僧拔济我,慈愍故。如是第二、第三说。

"是中戒师应作白:大姊僧听,此某甲从和尚尼某甲求受大戒,此某甲今从僧乞受大戒,和尚尼某甲,若僧时到,僧忍听,我问诸难事。

"白如是：汝谛听，今是真诚时、实语时，我今问汝，有当言有，无当言无。汝字何等？和尚字谁？年满二十不？衣钵具不？父母若夫主听汝不？汝非负人债不？汝非婢不？汝是女人不？女人有如是诸病：癞、白癞、痈疽、干痟、癫狂、二根、二道合道、大小便常漏、大小便涕唾常出，汝有如是诸病不？答言无。

"应作白：大姊僧听，此某甲从和尚尼某甲求受大戒，此某甲今从僧乞受大戒，和尚尼某甲。某甲所说清净，无诸难事，年满二十，衣钵具足。若僧时到僧忍听，为某甲受大戒，和尚尼某甲。

"白如是：大姊僧听，此某甲从和尚尼某甲求受大戒，此某甲今从众僧乞受大戒，和尚尼某甲。某甲所说清净，无诸难事，年满二十，衣钵具足。僧今授某甲大戒，和尚尼某甲。谁诸大姊忍僧受某甲大戒，和尚尼某甲者默然；谁不忍者说。是初羯磨竟，第二、第三亦如是说。僧已忍与某甲受大戒竟，和尚尼某甲，僧忍默然故，是事如是持。

"彼受戒者，与比丘尼俱至比丘僧中，礼僧足已，右膝着地，合掌作如是言：大德僧听，我某甲从和尚尼某甲求受大戒，我某甲今从僧乞受大戒，和尚尼某甲，愿僧拔济我，慈愍故。如是第二、第三说。

"问已应问言：汝学戒未？汝清净不？若答言，已学戒清净。应问余比丘尼,已学戒未?清净不?若答言,已学戒清净。

"即应作白:大德僧听,此某甲从和尚尼某甲求受大戒,此某甲今从僧乞受大戒,和尚尼某甲。某甲所说清净,无诸难事,年岁已满,衣钵具足,已学戒清净。若僧时到,僧忍听,僧今为某甲受大戒,和尚尼某甲。

"白如是:大德僧听,此某甲从和尚尼某甲求受大戒,此某甲今从僧乞受大戒,和尚尼某甲。某甲所说清净,无诸难事,年岁已满,衣钵具足,已学戒清净,僧今为某甲受大戒,和尚尼某甲。谁诸长老忍僧与某甲受大戒,和尚尼某甲者默然;谁不忍者说。是初羯磨,第二、第三亦如是说。僧已忍为某甲受大戒竟,和尚尼某甲,僧忍默然故,是事如是持。"

注释

① **童女**:即未成年的少女。

② **六法**:式叉摩那受持的六种学法。又作六法戒,正学律仪。六法即:(一)染心相触,(二)盗人四钱,(三)断畜生命,(四)小妄语,(五)非时食,(六)饮酒。能遵守此戒法达二年者,始能受具足戒,成为比丘尼。律典对六法有不同的说法。

③**解脱**：又作木叉、木底，意谓解放，指由烦恼束缚中解放，而超脱迷苦之境地。广义说，摆脱世俗任何束缚，在宗教精神上感到之自由，均可用以称之。《显扬圣教论》卷十三："能脱种种贪等系缚，故名解脱。"但特殊地讲，指断绝生死原因，不再拘于业报轮回，与涅槃、圆寂的含义相通。

④**定**：亦译为等持，音译为三摩地、三昧，指心专注一境而不散乱的精神状态。佛教以此作为取得确定认识、做出确定判断的心理条件。一般分为两种：一谓生定，即人们与生俱有的一种精神功能；一谓修定，指专为获得佛教智慧或功德、神通而修习所生者，亦即作为三学之一的定学。定之意义在大小乘中种类繁多。在中国，定往往与禅相连称，成为含义广泛的禅定。

⑤**正受**：亦译为等至、正定现前，远离邪想而领受无烦恼之境的状态。亦即入定时，以定力使身、心领受平等安和之相。定心而离邪乱称为"正"，无念无想而纳法在心称为"受"。

⑥**僧竭支**：为五衣之一，意译掩腋衣、覆腋衣、覆肩衣。略称竭支，或祇支。在印度，僧团规定比丘尼除三衣外，尚有穿在三衣里面覆盖两腋、胸部及左肩，长至腰下的长方形内衣，称为僧祇支。亦可另加着裙，与三衣合称比丘尼五衣。以后，比丘亦准许用之。

⑦**覆肩衣**：即比丘尼五衣之一的僧竭支。亦有认为覆肩衣与僧竭支并非一物，而有差别。

⑧**胡跪**：亦即胡人之跪拜。关于胡跪有种种说法：（一）指胡跪为胡人之屈膝敬相；（二）指长跪，即双膝着地、竖两足以支身；（三）指互跪，即右膝着地，竖左膝危坐。古时印度、西域地方总称为胡，故胡跪意味一般胡人跪拜的敬仪，然以经中所说右膝着地者为正仪。

译文

"听许十八岁未嫁女出家，受沙弥尼十戒，又经过两年学戒的阶段，年满二十岁者，便可受比丘尼戒。如果是年龄二十岁的曾嫁女，也要经过两年的学戒阶段，到二十二年时，才可以受比丘尼戒而成为比丘尼。有欲受两年学戒法的沙弥尼，应到比丘尼僧中，偏袒右肩，脱去鞋子，向比丘尼僧行礼后，右膝着地，合掌恭敬地说：大姊僧听，我某甲沙弥尼，从众尼僧乞受学两年戒法，和尚尼为某甲，愿僧慈悲怜悯我，与我学两年戒法。同样说三次。

"应将沙弥尼带至眼见耳不闻处，众比丘尼中应差派能胜任做羯磨者，这样告白：大姊僧听，此某甲沙弥尼，今从众尼僧乞受两年学戒，和尚尼为某甲。如众尼僧已集齐，众尼僧同意，就给某甲沙弥尼两年学戒，和尚尼为某甲。告白说：大姊僧听，此某甲沙弥尼，今从众尼僧乞受两年学戒，和尚尼为某甲，众尼僧现在授予某甲沙弥尼两年学戒，和尚尼为某甲，哪位大德同意授予沙弥尼某甲两年学戒，和尚尼为某甲，请默然；哪位不同意，请提出来。这是初羯磨，同样第二、第三次也这样说。众比丘尼同意授予某甲沙弥尼两年学戒，和尚尼为某甲，羯磨师宣布，众尼僧默然无语，此事就这样处理。

"然后授予六法戒，应这样授予：某甲谛听，如来无所着正等正觉说六法，不得犯不净行，不得行淫欲法。如式叉摩那行淫欲法，即非式叉摩那，非释种女。与有淫欲意的男子在两膝以上、头发以下的身体部位相摩触，则犯戒法，应更与戒，此戒终生不得违犯，如能持守者，回答能。

"不得偷盗，乃至一草一叶。如果式叉摩那盗人五钱，或超过五钱，或自盗，或教唆别人盗，或自砍伐，或教人砍伐，或自破坏，或教人破坏，或烧，或埋，或染坏色，则非式叉摩那，非释种女。如盗取五钱或低于五钱则犯戒法，应更与戒，此戒终生不得犯，如能持守者，回答能。

"不得故意杀害有生命的动物以至虫蚁。如式叉摩那故意自手杀害生命,将刀授予别人,教人死,劝人死,赞誉死,或送给别人致命的药,或教人堕胎,教人厌弃生命的咒术,自己做,或教别人做,则非式叉摩那,非释种女。如杀害不能变化的畜生性命则犯戒法,应更与戒,此戒终生不得违犯,如能持守者,回答能。

"不得妄语,以至戏笑。如式叉摩那还未修得正果,却自称是修得上人法,修得静虑,已获解脱,得禅定,得正受,修得须陀洹果位以及阿罗汉果位,天、龙、鬼神来供养我,则非式叉摩那,非释种女。如果在众人中故意说妄语,则违犯戒法,应更与戒,此戒终生不得违犯,如能持守者,回答能。

"不得非时食。如式叉摩那过午而食则违犯戒法,应更与戒,此戒终生不得违犯,如能持守者,回答能。

"不得饮酒。如式叉摩那饮酒则犯戒,应更与戒,此戒终生不得违犯,如能持守者,则回答能。除了是给比丘尼送饭时以及自己再取食时外,所有比丘尼应遵行的戒法及律仪,式叉摩那都应随时学。

"式叉摩那在求比丘尼做自己的戒和尚时应这样说:大姊,我某甲现在恳求阿姨为和尚,愿阿姨给我做和尚,我依止阿姨即可得受具足戒。第二、第三次也这样说。

"和尚尼应回答说:可以。如果式叉摩那两年学戒期满，或年满二十，或年满二十二，应授予具足戒。要经白四羯磨，然后才能授予具足戒。先将受戒人带至眼见耳不闻处，戒师差派教授师，向众比丘尼告白说：大姊僧听，此某甲从和尚尼某甲求受具足戒，如众尼僧已集齐，众尼僧同意，某甲为教授师，告知大家。

"然后教授师就来到受戒人面前说：这是内衣、上衣、大衣，这是覆腋衣、覆肩衣，这是钵。这是你自己的衣钵吗？你听好，现在是庄严的时刻，我来问你，你应如实回答，有便说有，无便说无。你叫什么名字？你的师父是谁？你年满二十岁吗？是否具足衣钵？父母及丈夫允许你受戒吗？你是负债人吗？你是别人的奴婢吗？你是女人吗？女人有这样的病：癫病、白癫、痈疽、干痟、癫狂、具男女二根、大小便道合道、常漏大小便以及涕唾常出等，你有这些病吗？如果回答没有，便应再告诉说：现在我问你的这些话，过一会在众尼僧中还要问，你是怎样回答我的，在众尼僧中也一定要怎样回答。

"教授师问完后，便又回到众尼僧中，如平时威仪，站在与众比丘尼伸手相及处，这样告白：大姊僧听，此某甲欲从和尚尼某甲求受大戒，如众尼僧已集齐，众尼僧同意，我已教授完毕，请唤她前来。这样告白后，教授师应唤受戒人上前来，并帮其拿钵，教其行大礼，礼拜众比丘尼。受戒人在戒师前,长跪合掌说:大姊僧听,我某甲从和尚尼某甲求受具足戒,我某甲现在从众尼僧乞受具足戒,某甲为和尚尼,愿众僧慈悲怜悯、拔济我。这样说三遍。

"此时,戒师即做一白羯磨说:大姊僧听,此某甲从和尚尼某甲求受具足戒,此某甲今从众僧乞受具足戒,某甲为和尚尼,如众尼僧众集齐,众尼僧同意,我现在就向受戒者询问诸难事。

"戒师向求戒者说道:你听着,现在是庄严神圣的时刻,我现在向你提问,你要如实回答,有即说有,无便说无。你叫什么名字?你的师父是谁?你年满二十岁吗?是否具足衣钵?父母及丈夫允许你受戒吗?你是负债人吗?你是别人的奴婢吗?你是女人吗?女人有这样的病:癫病、白癞、痈疽、干痟、癫狂、具男女二性根、大小便道合道、常漏大小便以及涕唾常出等,你有这些病吗?回答说没有。

"戒师应告白说:大姊僧听,此某甲从和尚尼某甲求受具足戒,此某甲今从众尼僧乞受具足戒,和尚尼为某甲。此某甲自说清净,没有诸多难事,年满二十岁,衣钵具足。如众尼僧已集齐,众尼僧同意,就为某甲授具足戒,和尚尼为某甲。

"这样告白:大姊僧听,此某甲从和尚尼某甲求受具足戒,此某甲今从众尼僧乞受具足戒,和尚尼为某甲。某甲所说,清净无染,没有诸多难事,年满二十岁,衣钵具足。现在众尼僧授某甲具足戒,和尚尼为某甲。哪位大德同意授某甲具足戒,和尚尼为某甲的,请默然;哪位大德如有异议,请提出来。这是初羯磨,第二、第三羯磨也如上说。众比丘尼同意为某甲授具足戒,和尚尼为某甲,羯磨师就宣布:众尼僧默然同意,此事就按这样处理。

"然后,受戒者再同众比丘尼来到众比丘僧中,恭敬作礼,右膝着地,合掌说:大德僧听,我某甲从和尚尼某甲求受具足戒,我某甲今从众比丘僧乞受具足戒,和尚尼为某甲,愿众僧慈悲怜悯、拔济我。这样说三遍。

"然后,戒师再次询问以上所说的诸多难事。问完后,应问受戒者说:你是否已学戒?你是否清净无染?如回答说,已学戒期满,行持清净。接着便转而问众比丘尼说:她已学戒吗?是否清净?众比丘尼证实说:已学戒期满,行持清净。

"然后戒师向众比丘告白:大德僧听,此某甲从和尚尼某甲求受具足戒,此某甲今从众僧乞受具足戒,和尚尼为某甲。此某甲所说清净,没有诸多难事,年岁已满,衣钵具足,学戒期满,行持清净。如僧已集齐,众僧同意，僧今即为某甲授具足戒，和尚尼某甲。

"再告白说：大德僧听，此某甲从和尚尼某甲求受具足戒，此某甲今从众僧乞受大戒，和尚尼为某甲。此某甲所说清净，没有诸多难事，年岁已满，衣钵具足，学戒期亦满，行持清净，僧今为某甲授大戒，和尚尼是某甲。哪位长老同意众僧授予某甲具足戒，和尚尼是某甲者，请默然；哪位长老有异议，请提出来。这是初羯磨，第二、第三次也这样说。众僧同意为某甲授具足戒，和尚尼为某甲后，羯磨师宣布：众僧默然同意，此事就按这样处理。"

4 第四分

杂犍度之三

原典

佛尔时以此因缘集比丘僧，为诸比丘说大小持戒犍度[1]。如来、出世应供、正遍知、明行足、为善逝、世间解、无上士、调御丈夫、天人师、佛世尊，于一切诸天、世人、沙门、婆罗门、天魔、梵王众中而自觉悟证知[2]。为人说法，初语亦善，中语亦善，下语亦善，文义具足，开显净行。

若居士、居士子闻，若复种姓生者，彼闻正法便生信乐，以信乐心而作是念：我今在居家，妻子系缚，不得纯修梵行。我今宁可剃除须发，披袈裟，以信舍家入非家道。彼于异时，钱财若多若少皆悉舍弃，亲属若多若少皆亦舍离。剃除须发,披袈裟,舍家入非家道。彼与出家人同除舍饰好,与诸比丘同戒。

不杀生,放舍刀杖,常有惭愧,慈念众生,是为不杀生。

舍偷盗,与便取,不与不取,其心清净,无有盗意,是为不偷盗。

舍淫不净行,修梵行勤精进,不着欲爱,清净香洁而往,是为舍淫不净行。

舍妄语,如实不欺诈于世,是为不妄语。

舍两舌[3],若闻此语不传至彼,若闻彼语不传至此,不相坏乱。若有离别,善为和合,和合亲爱,常令欢喜,出和合言,所说知时,是为不两舌。

离粗恶语,所言粗犷,苦恼他人,令生嗔恚,而不喜乐,断除如是粗恶言,言则柔软,不生怨害,能作利益,众人爱乐,乐闻其言,常出如是利益善言,是为不粗恶言。

离无利益语,知时语、实语、利益语、法语、律语、灭诤[4]语。有缘而说,所言知时,是为离无利益语。

不饮酒,离放逸处。不着华香璎珞,不歌舞倡伎,亦不往观听。不高广床上坐。非时不食,若是一食。不把持金银七宝[5]。

不取妻妾童女,不畜养奴婢、象马车乘、鸡狗猪羊、田宅园观，储积畜养一切诸物。不欺诈、轻秤小斗。不和合恶物。不治生⑥贩卖，断他肢节，杀害系闭，断他钱财，役使作业。言辄虚诈，发起诤讼，弃舍他人。断除如是诸不善事。行则知时，非时不行。量腹而食，度身而衣，取足而已。衣钵自随，犹若飞鸟羽翮身俱，比丘如是，所去之处，衣钵随身。

注释

① **犍度**：又作揵度、建陀、建图、乾度，意指蕴、聚、众、分段。即分类编集，把同类之法聚集一处，相当于节或品。指把有关受戒、布萨、安居等僧团内的仪式做法，与日常生活的规定条文，分类整理而成。

《四分律》载有二十犍度：（一）规定出家受具足戒法的受戒犍度，又称大犍度；（二）说明布萨规定的布萨犍度；（三）说明安居规定的安居犍度；（四）说明有关自恣规定的自恣犍度；（五）说明持用皮革制品的皮革犍度；（六）说明有关食物、药物等制定的药犍度；（七）说明有关迦缔那衣规定的迦缔那衣犍度；（八）说明有关比丘着衣的衣犍度；（九）说明释尊居于瞻波时所制定的有关众僧会议方法的瞻波犍度；（十）说明在拘睒弥所发生教团内部纷争的拘睒犍度，以及诃责犍度、人犍度、覆藏犍度、遮犍度、破僧犍度、灭诤犍度、比丘尼犍度、法犍度、房舍犍度、杂犍度等。

②证知：证，即契会真理，而入悟境。证之境地，唯有自己体验方可了然，故有己证、内证之称。就能证而言，则称为证智、证知。

③两舌：即于两者间搬弄是非、挑拨离间，破坏彼此的和合。又作离间语、两舌语，为十恶业之一。两舌之罪，能令众生堕入三恶道。

④灭诤：又作止诤，即止灭僧尼争论之法。乃比丘、比丘尼所受持的具足戒的一部分，因有七种，又称七灭诤。（一）现前毗尼，使起诤双方对决于现前，或于现前引证三藏教法及戒条而决之；（二）忆念毗尼，诤议有无罪过时，以犯戒者忆念有无而决之；（三）不痴毗尼，犯戒者若精神异常，待治愈后，羯磨而令悔其罪；（四）自言毗尼，比丘犯戒时，令其自白，始治其罪；（五）觅罪相毗尼，犯人不吐实，陈述矛盾时，举示其罪状；（六）多人觅罪相毗尼，互有争议而不易裁决时，集有德之僧，依多数而决是非；（七）如草覆地毗尼，斗讼者互悟其非，如草之伏地，共至心发露，相道歉而忏悔。

⑤七宝：即七种珍宝。诸经说法不一，《阿弥陀经》、《大智度论》卷十等谓七宝即：（一）金；（二）

银;(三)琉璃;(四)颇梨,即水晶;(五)车渠,指大蛤或白珊瑚之类;(六)赤珠;(七)玛瑙。

⑥ **治生**:即日常养生活命的产业。

译文

那时,佛召集众比丘僧,为众比丘讲解各种有关持守大小戒律的条文规定。如来、应供、正遍知、明行足、善逝、世间解、无上士、调御丈夫、天人师、佛世尊,在一切诸天、世人、沙门、婆罗门、天魔、梵王众中,能够自我觉悟,契会真理。然后又为众人讲说正法,自始至终,善义具足,义从义顺,开示清净修持行为。

如有居士或居士子弟,或其他种姓的人闻听此正法后,便会生起信乐佛法之心,并由此会想道:如今我居于家中,妻儿老小拖累,使我不能全身心来修持清净行。现在我宁可剃除须发,披着袈裟,以信乐佛法之心出家修道。若到那时,无论家中有多少财产钱物,都要舍弃;无论有多少亲戚眷属,都要舍离。要剃除须发,披着袈裟,出家修出世法。要同其他出家人一样去除各样装饰用品,与众比丘持守同样的戒条。

不杀害生命,舍弃刀杖一类的杀生器具,对众生常怀有慈悲惭愧之心,这才是不杀生的真义。

断绝偷盗之念,施主给予便收取,未施与便不取,心境清净,断绝偷盗之念,这即是不偷盗。

舍弃淫欲不净行,精进不懈地修持清净行,不贪着于世俗欲爱,清净无染,即为舍淫不净行。

禁绝妄语,凡事如实叙说,不欺骗世人,则为不妄语。

杜绝两舌语,不将听到的此人的话传给彼人,亦不将彼人说的话传给此人,即不在两者间搬弄是非,挑拨离间,破坏彼此的和合。如别人间有隔阂,要适时地调解,使其和合友善,欢喜共处,这即是不两舌。

禁说粗言恶语,因为说话粗野,会苦恼别人,使人心生怨恨,而不欢喜。断绝这样的粗言恶语,说话和气,使人不生怨怪,可以让大家安乐,喜闻其言,获得和善的大利益,这就是不说粗言恶语。

禁说无利益语,应说适时语、真实语,对人己皆有益的话,说法语,讲律语,止净语。有事由则说,所说适合时宜,即是离无利益语。

不饮酒,远离放逸邪恶的地方。不着花鬘璎珞,不用香料涂身,不作歌舞倡伎,也不去观听声色娱乐。不坐卧高广大床。不非时食,唯日中一食。不把持金银钱币及一切宝物器具。

不娶妻妾及童女，不蓄养奴婢，不占有象马车乘及田宅园观，也不蓄养鸡狗猪羊等物。不欺诈世人，公平买卖，童叟无欺，决不轻秤小斗，缺斤少两。不和合恶物，同流合污。不因养生活命而操持贩卖之业，屠杀其他生物性命，斫断其肢节而买卖，不断人财路，役使他人为自己干活。言则虚伪欺诈，挑起诉讼争斗，不顾别人利益。出家修道之人，应断除以上作恶之事。外出时要知时而行，非时不行。食时要量腹而食，不应贪食。着衣要量身而穿，不多持衣物，取足则可。比丘所行之处，一定要衣钵随身，好比飞鸟羽翼护身一般。

毗尼增一之一

原典

佛在舍卫国祇桓精舍给孤独园。时，世尊告诸比丘："汝等谛听，善思念之，若比丘说相似文句遮法毗尼[①]，此比丘令多人不得利益，作诸苦业，以灭正法。若比丘随顺文句不违法毗尼，如此比丘利益多人，不令作众苦业，正法久住。是故诸比丘，汝等当随顺文句，勿令增减违法毗尼，当如是学。"佛说如是，诸比丘闻欢喜，信乐受持。

佛言:"若比丘非法说法,法说非法,如此比丘令多人不得利益,作众苦业②,以灭正法。其有比丘,非法说言非法,是法说言是法,如此比丘利益多人,作众善业③,令正法久住。是故汝等当随顺此教,非法当说言非法,是法说言是法,当作如是学。"诸比丘闻欢喜,信乐受持④。

尔时,佛告诸比丘:"若比丘非毗尼说言是毗尼,是毗尼说言非毗尼,令多人不得利益,作众苦业,以灭正法。若比丘非毗尼说言非毗尼,是毗尼说言是毗尼,利益多人,不作苦业,令正法久住。是故汝等当随此教,非毗尼说非毗尼,是毗尼说是毗尼,当作是学。"佛说如是,诸比丘闻欢喜,信乐受持。

佛告诸比丘:"若比丘非制而制,是制便断,如是渐渐令戒毁坏,令多人不得利益,作众苦业,以灭正法。若比丘非制不制,是制不断,如是渐渐令戒成就,利益多人,不作苦业,令正法久住。是故汝等非制不应制,是制不应断,当随所制戒而学。"诸比丘闻欢喜,信乐受持。

尔时,佛告诸比丘:"如来出世,见众过失故,以一义为诸比丘结戒,摄取于僧。以此一义故,如来为诸比丘结戒。"佛说如是,诸比丘闻欢喜信乐受持,乃至正法久住。句句亦如是。

尔时，佛告诸比丘："如来出世，以一义故，为诸比丘制呵责羯磨⑤，摄取于僧，以是一义故，如来出世为诸比丘制呵责羯磨。"佛说如是，诸比丘闻欢喜，信乐受持，乃至正法久住。句句亦如是。

如是摈羯磨、依止羯磨、遮不至白衣家羯磨、作不见罪举羯磨、不忏悔羯磨、恶见不舍羯磨。检校法律所制，制受依止、制梵罚⑥、制举、制忆念、制求听、制自言、制遮阿毱婆陀⑦、制遮说戒、制遮自恣；制戒、制说戒、制布萨⑧、制布萨羯磨、制自恣、制自恣羯磨、制白白羯磨、制白二羯磨、制白四羯磨、制与覆藏、与本日治、与摩那埵、与出罪；制四波罗夷、制十三僧伽婆尸沙、二不定法、三十尼萨耆⑨、九十波逸提、四波罗提提舍尼⑩、式叉迦罗尼⑪、七灭诤，一一句如呵责羯磨。

尔时，佛告诸比丘："说一语便成舍戒⑫。作如是言：我舍佛。作如是一语，便为舍戒。"佛说如是，诸比丘闻欢喜，信乐受持。

注释

① **毗尼**：即律，含有调伏、灭、离行、善治等义。即制伏灭除诸多过恶之意。此乃佛陀所制定，而为比

丘、比丘尼所须遵守的有关生活规范的禁戒。

②**苦业**：即烦恼业缘。苦，指因前世恶业而遭受的痛苦。业，即身业、口业、意业，为人的行动、言语、意识活动的代称。

③**善业**：指善之作业，与恶业相对称。即能招感善果的身、口、意业。

④**受持**：指领受于心，忆而不忘。可分三方面：（一）受持戒律，无论出家在家者，一旦领受佛制定的戒法，即须誓愿持守，不得有违；（二）受持经典，即受学经典之际，发净信解，以恭敬心阅读，并须时时讽诵、忆念；（三）受持三衣，僧众得受三衣后，须依法于适当之时、地穿着。

⑤**呵责羯磨**：即于僧众面前呵责犯过比丘，并宣告剥夺其应享有的权利。佛为处分好争斗的二比丘，并行呵责羯磨，而产生了羯磨犍度，亦称呵责犍度。

呵责犍度的内容共有七种，其中规定受呵责羯磨者的治罪法，呵责犍度的如法或非法，以及解羯磨、摈羯磨、依止羯磨、遮不至白衣羯磨、不见罪羯磨、不忏悔罪羯磨、不舍见羯磨等各种羯磨。

⑥**梵罚**：即梵坛之治罪法。有二法：（一）默摈，一切人不与犯者来往、言语等；（二）灭摈，犯重罪而心无惭愧，众所不能容，不可与其共住，于众中举示其

罪并驱出。

⑦**阿鋡婆陀**：梵语Anutpāda，亦译阿耨波陀。《大智度论》卷四十八："阿提，秦言初。阿耨波陀，秦言不生。"不生，即指得阿罗汉果者，不再受生于三界五趣之中，永入涅槃，不受生死果报，故称为不生。

⑧**布萨**：又作优波婆素陀、优婆娑、布萨陀婆，意译为长净、长养、净住、共住，或称说戒。即同住之比丘每半月集会一处，或齐集布萨堂（说戒堂），请精熟律法的比丘说波罗提木叉戒本，以反省过去半月内的行为是否合乎戒条，若有犯戒者，则于众前忏悔，使比丘均能长住于净戒中，长养善法，增长功德。又在家信徒于六斋日受持八斋戒，亦称布萨。

⑨**尼萨耆**：全称为尼萨耆波逸提，意译为尽舍堕、舍堕，即应舍财物之堕罪，为比丘、比丘尼所受持具足戒之一。共有三十条戒，称为三十舍堕。此戒乃警戒因贪心而集贮无用之长物，助长生死之业，遂堕落三途，故舍弃此等之财物、贪心、罪业，称为舍堕。或谓犯此罪将堕入三恶道，故称堕，忏悔之法必先舍其财物，故称舍。

⑩**波罗提提舍尼**：为比丘、比丘尼所受持之具足戒之一。又作波罗底提舍尼，或单称提舍尼，意译作对他说、向彼悔、悔过法。犯此戒时，必须向其他清净比

丘发露忏悔，是轻罪的一种。此一戒法，比丘与比丘尼不同，皆与饮食有关。

⑪ **式叉迦罗尼**：即尸沙迦罗尼，是突吉罗的异名，是应学或宜学的意思，所以通常称为应当学。

⑫ **舍戒**：即舍弃所得之戒。在僧团中，僧尼受戒要经过严格的审查及一定的仪式，但舍戒却十分简单，只须对任何一人声明，自己愿意舍戒，即算舍戒，便可放弃比丘（尼）身分。

舍戒有顿渐三舍：顿舍是直做白衣，这种舍戒多数是由于完全退失了信心而引起的；渐舍在受持的四种戒中，或舍弃具戒做沙弥，或舍弃具戒和十戒做优婆塞。如律法中制定比丘可七进七出，比丘尼只可一进一出。

译文

佛在舍卫国祇树给孤独园时，对众比丘说："你们听着，要仔细考虑，如有比丘以相似文句讲说有违正法的禁戒，这个比丘会使众人不能得到修道的利益，反而造作众多苦业，令正法疾灭。如有比丘随顺文句不违背正法禁戒，此比丘会让众人得到利益，不造作众多苦业，使正法久住世间。所以你们众比丘应当随顺文句，不应使正法禁戒有所增减，你们就应当这样学修。"众比丘僧听了佛的教导后,欢喜信乐,如法受持。

佛又对他们说:"如有比丘将非法说成如法,将如法说成非法,这个比丘将使多人不得利益,且造作众苦业,疾灭正法。如有比丘,非法则说为非法,如法则说为如法,此比丘会使多人得到利益,且积众多善业,能使正法久住世间。所以你们应当随顺此教,非法当说为非法,正法当说为正法,是非分明,你们就应当这样学修。"众比丘僧听后欢喜信乐,如法受持。

那时,佛对众比丘说:"如有比丘将非佛制禁戒说为如法禁戒,而将佛制禁戒说成是非法禁戒,此比丘会使多人不得利益,造作众多苦业,以灭正法。如有比丘将非法禁戒则说为非法禁戒,将如法禁戒则说为如法禁戒,此比丘可使多人获得利益,不造作众苦业,能使正法久住世间。所以你们应随顺此教,非法禁戒则说为非法禁戒,如法禁戒则说为如法禁戒,你们就应当如此学修。"众比丘僧听了佛的教导,欢喜信乐,如法受持。

佛对众比丘僧说:"如有比丘佛未制戒而擅自制定戒条,这样佛制禁戒也会逐渐断灭,使戒法毁坏,使多人不能得到修持的利益,并造作众多苦业,最后使正法疾灭。如有比丘佛未制之戒而不另制,则佛所制定的戒条就会逐渐为人信受持守,从而利益多人,不作苦业,使正法久住世间。所以你们应佛未制而不应另制,佛所制定的戒条就应持守修学，不应使其断绝。"众比丘僧听了佛的教导，信乐欢喜，如法受持。

那时，佛告众比丘僧说："如来出世，因见到众生过失的缘故，就以此一义为众比丘僧制定戒法，来统御摄受众僧。正是由于这一缘故，如来才为众比丘僧制定戒法。"众比丘僧听了佛的教导，都欢喜信乐受持，以至令正法久住世间，制定戒法中的每一条戒法，都是如此。

那时，佛对众比丘僧说："如来出世，以一义因缘，为众比丘僧制定呵责羯磨，以摄受统御众僧，如来以此一义因缘，出世为众比丘僧制定呵责羯磨。"众比丘听了佛的教导，欢喜信乐受持，以至令正法久住世间。呵责犍度中的每一条戒法，都是如此。

如摈羯磨、依止羯磨、遮不至白衣家羯磨、作不见罪举羯磨、不忏悔羯磨、恶见不舍羯磨等。如来依据法律制定戒条，制受依止、制灭摈、制举罪、制忆念、制求听、制自言、制遮得阿罗汉果、制遮说戒、制遮自恣；制戒法、制说戒法、制布萨、制布萨羯磨、制自恣法、制自恣羯磨、制白白羯磨、制白二羯磨、制白四羯磨、制与覆藏、制与本日治、制与摩那埵、制与出罪；制四根本罪、制十三僧残罪、制二不定法、三十舍堕、九十单堕、四悔过法、百众学法、七灭诤等二百五十条戒法，如来对每一类戒法的制定，都与呵责羯磨出于同一因缘。

那时，佛对众比丘僧说："受戒后，如欲舍弃所受之戒，只要声明一句便为舍戒。如这样说：我舍佛。如果说这样一句话，便算舍戒。"佛这样对众比丘僧说法，众比丘僧欢喜信乐，如法受持。

源流

释迦牟尼佛成道以后，四方游行，弘扬佛法，弟子日渐增多，形成庞大的僧团。为了和合僧团，约束僧众，便有了制定戒律的必要。不过释迦牟尼佛住世时的戒律仅仅是因种种机缘，随境点化，约束弟子的各种规约，也是在随犯随止中产生的。可是到佛灭度以后，僧徒中渐有不守戒律的事发生，于是佛的大弟子摩诃迦叶会集五百比丘，在王舍城的七叶窟举行了第一次经律结集，由优婆离尊者结集律法，升座诵读，在一夏九旬的日子里，分作八十次诵出，所以称"八十诵律"，成为三藏中的律藏。

此后一百年间，迦叶、阿难、末田地、商那和修、优婆崛多，五师相承，并无支派。一百年后，异执纷起，以致于分作二部、五部等。所谓二部，即上座部、大众部；所谓五部，乃优婆崛多的五位弟子，依各自对于律藏内容的取舍不同，采集起来，各自成立一部，即昙无德部（四分律）、萨婆多部（十诵律）、大众部（僧祇律）、弥沙塞部（五分律）、迦叶遗部（解脱律）。以后，相传又分为二十部、五百部等。

一、律学初传

据僧史记载，律学传入中国，始于曹魏嘉平年间（公元二四九—二五三年）。当时中天竺昙摩迦罗来到洛阳，看见中国僧人只是剪落须发，身穿缦衣，未禀归戒，更谈不上戒律的约束。于是在嘉平二年（公元二五〇年）译出《僧祇戒心》，即摩诃僧祇部的戒本，作为僧众持戒的依据。又敦请梵僧十位大德，建立羯磨法（即受戒仪式），创立以十大僧传戒法的先例，这是中国有戒律和受戒的开始。

正元年间（公元二五四—二五五年），中亚安息国沙门昙无谛来到洛阳，于白马寺译出昙无德部的受戒做法，这是当时中国比丘羯磨受戒所禀之法。所以在中国所传的戒法，是采取《四分律》的，这可看作是中国佛教四分律宗的嚆矢。

在五部律中，中国最先译出的是《十诵律》。《十诵律》是萨婆多部的广律。姚秦弘始六年（公元四〇四年），专精《十诵律》的罽宾沙门弗若多罗来长安，与鸠摩罗什共译《十诵律》。律文尚未译完，弗若多罗便逝世。后又昙摩流支携此律梵本来长安，复与罗什共译，成五十八卷。译文尚未删改整理，罗什又逝世。后又有卑摩罗叉来长安，对译本重加校订，改最后一诵为《毗尼诵》，并译出《十诵律毗尼序》放在最末，始开为六十一卷。这就是现行的《十诵律》。

昙无德部广律《四分律》，于弘始十年（公元四〇八年），由善诵昙无德部律的佛陀耶舍诵出梵文，竺佛念译为秦言，初成四十四卷，今开为六十卷。

《僧祇律》梵本是由法显从印度求来，于义熙十四年（公元四一八年）在道场寺与佛驮跋陀罗共同译出，成四十卷。

弥沙塞部的广律《五分律》亦经罽宾僧人佛陀什和竺道生于刘宋景平二年（公元四二四年）译出，成三十卷。

至于迦叶遗部，至东魏定武元年（公元五四三年），由般若流支译出《解脱戒经》一卷，其广律始终没有译就。

随着广律的译出，解释广律的论著也陆续译出，其中比较重要的有《毗尼母论》八卷、《摩得勒伽论》十卷、《善见论》十八卷、《萨婆多论》九卷、《明了论》一卷。这就是中国律宗的"四律五论"。

二、《四分律》的弘传

自广律译出以来，除《五分律》未曾弘通外，《十诵律》《僧祇律》曾盛行于南朝宋、齐、梁之间。江南一带多尊崇《十诵律》，关中及其他地方，则多尚《僧祇律》。其中，《十诵律》最为盛行，《梁高僧传》卷十一曾云："虽复诸部皆传，而《十诵》一本，最盛东国。"可见，在律学初传中国之际，是诸律并弘，而《十诵律》却曾独领风骚数百年。

但在中国佛教史上，最后能弘通独盛、蔚成一宗的，只有《四分律》。《四分律》虽译于姚秦时代，但其后六十余年间，几无人研习。及至北魏孝文帝时，北台法聪律师辍讲《僧祇律》，而专心致力于《四分律》的研习弘扬，从此以后，四分律学蒸蒸日上，弘传渐盛。法聪律师在平城（今山西省大同市）开讲此律，口授弟子道覆作《四分律疏》六卷，但内容仅是大段科文。

北魏末年慧光僧统（公元四六八—五三七年）博听律部，师承道覆研究《四分律》，他由佛陀扇多的启示，造《四分律疏》百二十纸，并删定《羯磨戒本》，大力弘扬戒律，奠定了《四分律》开宗立派的基础。

慧光门下弟子众多，道云、道晖、昙隐、洪理、慧远、法上均为一代名僧。其中道云奉慧光遗命，专弘律部，著《四分律疏》九卷。道晖又把道云所撰之《疏》加以整理，略为七卷。洪理撰《四分律钞》二卷。

昙隐起先原奉道覆，听受律部，后来更从慧光采撷精要，成为弘播戒宗、五众师仰的人物。与昙隐并称通律的道乐，有弟子法上，法上的弟子法愿，有"律虎"之称，著有《四分律疏》十卷、《是非钞》二卷。

道云之下有洪遵、道洪两系。道洪力阐《四分》，弟子洪渊、慧珅、玄琬等继起，使《僧祇律》在关中几成绝响。道洪门下有智首、慧进、慧休、道杰等。日后形成四分律宗的，正是智首的法系。

智首（公元五六七—六三五年），幼年从僧稠门徒智旻出家，后从道洪听受律学。他广为考定三藏诸佛典，凡与律有相关联的对勘条疏，加以会通。慨叹当时五部律互相混杂，于是研核古今学说，著《五部区分钞》二十一卷。又以道云所制的《四分律疏》为基础，比较各部律文的异同以资取舍，撰《四分律疏》，世称《广疏》（一作《大疏》），它与慧光的《疏》（称为《略疏》）、法砺的《疏》（称为《中疏》）共称律学三要疏。

智首弘扬律学三十余年，奠定了唐代律宗的基础。当时律学名僧大都受过他的影响，正是他的弟子道宣继承其遗范，广事著述，并用大乘教义来解释《四分律》，而创立四分律宗的。

道宣（公元五九六—六六七年），律学南山宗的创始人。十五岁出家，二十岁从智首学律，听其讲《四分律》二十余遍，专心钻研律部。后入终南山潜心述作。于武德九年（公元六二六年）六月撰成《四分律删繁补阙行事钞》三卷（今作十二卷），对《四分律》进行了划时代的归纳整理，阐发了他为律学开宗的见解。《四分律删繁补阙行事钞》钞集比丘依律行事的教典根据，主要以《四分律藏》为基础，以三藏文字、圣贤撰述、古师章疏为补充，分三十篇说明律藏所摄的自修摄僧的各种事相行法，成为中国律宗最具权威的著作。

本书卷首有作者自序，序文先总明著作本书的动机，作者认为古来释律的著作，撰疏的只论废立，作钞的只逞问难，都不足以为新学实际行事的指导。因此，"统教意之废兴，考诸说之虚实"，以"辟重疑，遣通累，括部执，诠行相"为宗旨，着重会通诸律，解决疑难，便利行事，故题名《行事钞》。把律文内同类的加以归纳，内容是"始终交映，隐显互出"。尽量求文字的简约，提示纲领，以应需用。次以十门提纲，说明撰述本书的义例：

一、序教兴意，说明佛制戒的意义，四分宗与他宗的优劣，并以遮性等五例分别显教兴意。

二、制教轻重意，以渐顿等七门说明制有轻重的理由。

三、对事约教判处意，以昔人临事不据所受律文判断，或依他部律来处理本宗（四分）的持犯，为了纠正这些错误，而建立统一正确的标准。

四、用诸部文意，说明本书主要取《四分律藏》的文为依据，其间也引用他部律，主要是因为《四分律》文不明了，或事在废前（如律许食鱼肉，后在《涅槃经》中制止食肉），或有义无文、有事无文的，皆取他部的文来补充。所引的律文，必取与《四分》义势相顺。其与《四分律》文不同不相通的，只能用他部的文行他部事。至于两律文义不同又都明了，不好取舍，就两说并存，随人采用。

五、文义决通意，作者从《四分律藏》中发现了许多须抉择会通的问题。其原因不外是律文年久残缺，部主取舍不同，翻译失实，抄写错漏，相承杂滥。解决办法是：（一）文义俱阙的事，以他事为例，或就理之所有来处理；（二）文具义阙的事以义定之；（三）义虽应有而《四分律》无明文的事，以他部文为证而成其事。

六、教所诠意，总以持犯二事为律教所诠。

七、道俗七部立教通局意，分化、行二教，化教泛明因果，识达邪正，通于道俗；行教（即制教）定取舍，显持犯，局于内众。

八、僧尼二部行事通塞意，二部同戒同制的，尼戒以比丘戒为准。其余轻重不同，有无互缺，犯同缘异，及尼与比丘不同的行法，另立尼众别行法篇。

九、下三众随行异同意，即式叉摩那、沙弥、沙弥尼不同的行法，别列一篇。

十、明钞者引用真文去滥传真科酌意，作者列举本书引用的书目，有诸部律藏及释律诸论和南朝梁时所集《出要律仪》等。所引有关《四分律》古师注释，有法聪、道覆《疏》六卷，洪理《钞》二卷等十余种，以及江表、关内、河南、蜀郡流传的著作。最后作者说明作钞意在撮略正文，包括诸意，只存可为根据的文字，其余都删略（诸家解释不适合于新学行事的，另收入《拾毗尼义钞》中）。目的是专供行事上披检之用。

最后以三行统摄全书的内容。上卷十二篇属于摄僧统众的事，名为众行；中卷四篇属于自修持犯的事，名为自行；下卷十四篇通于僧众及个人，名为共行。自行属于止持，众行、共行属于作持。故本书所诠，总归于依戒行十六事，成此三行，故名行事。

正文分三十篇（宋元照撰《四分律行事钞资持记》中，将本书分摄为十六篇），其主要内容如下：

一、标总显德篇：本书以依戒行持为宗，本篇标举戒法、戒体、戒行、戒相，并广行诸教，赞持戒功德，为以下诸篇的发起（即总劝行事）。

二、集僧通局篇：明羯磨作法前作相（打犍椎等）集僧的方法，界（集僧处所）的差别和体相，及集僧的人数范围。

三、足数众相篇：明足僧数的人所具的条件，文中多说不足数的相，反显能足数的相。后附别众法。

四、受欲是非篇：明制与欲的制意、开遮，与欲因缘，与欲法、失欲，及成不成与欲。

五、通辨羯磨篇：明羯磨的条件、种类和成不成的分别。

六、结界方法篇：明摄僧界，内容包含自然界、作法界、结界作用的有无和失不失的差别（以上五篇为众法缘成事）。

七、僧网大纲篇：主要明灭恶。以五门为纲，明住持摄众的方法，包含七种治罪法（加恶骂、默摈为九种），僧食制度的如法与否，作法的条件和方法（此篇为匡众住持事）。

八、受戒缘集篇：明受戒的事，附舍戒法和六念法。

九、师资相摄篇：明弟子依止法和和尚阿阇梨摄受弟子法（以上二篇为接物提诱事）。

十、说戒正仪篇：明半月说戒的仪轨（谓据普照、道安二人旧定的仪轨，引律藏加以删补而成。此篇与下自恣篇为检察清心事）。

十一、安居策修篇：明安居处所、时间、分房舍法、四种安居、遇缘失不失安居、迦提五利、解界如不如法等，附受日法（此篇为静缘策修事）。

十二、自恣宗要篇：明自恣的时间、人、自恣做法等，附迦絺那衣法。

十三、篇聚名报篇：先依六聚释篇聚名相，次明犯戒所感果报。

十四、随戒释相篇：释比丘二百五十戒的戒相，初广明戒法功能、戒体业性，并略示戒行摄修，后依戒本逐条解释。除少数特殊条文外，仅列举犯缘和略释（广解见《戒本疏》及《拾毗尼义钞》中）。

十五、持犯方轨篇：以名字、体状、处所、通塞、渐顿、优劣、杂料简等七门释持犯差别（以上三篇为专精不犯事）。

十六、忏六聚法篇：初依三宗明理忏，次依六聚明事忏（此篇为犯已能悔事）。

十七、二衣总别篇：二衣谓制三衣六物及听百一衣财。于制门中明衣的做法、受法、摄衣界坐具法、漉水囊法。于听门中明百一诸衣、粪扫衣、檀越施衣及亡僧物的处理。

十八、四药受净篇：明四药的体，结净地法，护净法的差别、受的差别。

十九、钵器制听篇：初明钵的制意、体、色、量、受法、失受相及受用行护法，次明其他养生众具。附房舍众具等法（以上三篇为内外资缘事）。

二十、对施兴治篇：明受施时作观对治自心的方法。

二一、头陀行仪篇：明十二头陀行（以上二篇为节身离染事）。

二二、僧像致敬篇：明敬三宝法及僧众大小相礼法，附造经像塔寺法（此篇为卑己谦恭事）。

二三、计请设则篇：包含受请、往讣、至请家、就座、观食净污、行香咒愿、受食、食竟、哒嚫、出请家等法。

二四、导俗化方篇：明说法仪轨，授三归、五戒、八戒法，生起俗人敬信的方便，及白衣入寺法（以上两篇为外化生善事）。

二五、主客相待篇：明客比丘入寺、受房、相敬、问受利等法。

二六、瞻病送终篇：初明简看病人法、供养法、安置病人处所及为病人说法；次明出尸及埋葬的法则（以上两篇为待遇同法事）。

二七、诸杂要行篇：初明出家缘起、劝出家的功德、障出家的过失等；次明出家和授沙弥戒的仪轨与沙弥戒相等。

二八、沙弥别行篇：初明沙弥出家，尚存俗情旧习，牵绊不断，故须发心息恶，不生污贱心；次明须受戒息灭世染之情，清净无欲，以入慈济众生之境。

二九、尼众别行篇：初明比丘尼受戒、忏罪、说戒、安居、自恣等与比丘不同的行法；次明式叉摩那法及沙弥尼法（以上二篇为训导下众事）。

三十、诸部别行篇：明他部与《四分》不同的少数事相（此篇为旁通异宗事）。

本书标题冠于"删繁补阙"四字，如自序中所说：删繁主要是删过去诸注家繁广的情见，补阙是补充诸注家，也补充《四分律藏》未解决的问题。即将《四分律藏》的二部戒和二十犍度的内容，以事类为提纲，归纳排列，仅以三卷的文字，概摄了六十卷《四分律藏》的事相行法，并补充了许多缺漏，纠正了许多错误，发现并解决很多前人未注意未解决的问题。本书是在法砺以前诸律师研习成就的基础上，舍短取长而集大成的。此书一出，僧界瞩目，以前诸家的钞，便被逐渐淘汰，现已大多失传。

后人为此书作注释的极多，仅见于《行事钞诸家记标目》的就有六十二家，现存的有以下几种：唐志鸿《四分律行事钞搜玄录》二十卷、大觉《四分律钞批》十四卷，后唐景霄《四分律行事钞简正记》二十卷，宋元照《四分律行事钞资持记》十二卷、《四分律行事钞科》三卷，澄渊《四分律行事钞评集记》十四卷。以上诸家注释，以元照《资持记》最为精详，古来流传最广，为《四分律》学者所共推重。

贞观元年（公元六二七年），道宣撰制《四分律拾毗尼义钞》三卷（今作六卷），为补充解释《四分律删繁补阙行事钞》的著作。现存上、中四卷，下篇二卷至宋代已散佚不传。自卷上至卷中，共有毗尼大纲、起戒差别等十四段。注疏有宋代允堪的《四分律拾毗尼钞辅要记》六卷、元照的《四分律拾毗尼义钞科》一卷等。

贞观四年（公元六三〇年），道宣外出诸方参学，广求诸律异传，曾在魏郡访问名德法砺律师，请决疑滞。九年（公元六三五年）入沁部棉上（今山西沁县绵上镇）山中撰《四分律删补随机羯磨》一卷、《四分律删补随机羯磨疏》二卷，该疏解释持戒的要谛，内容细分为十篇。初于疏前阐明能辨之教（羯磨）、所被之事（缘务）、弘法之人（僧伽）、设教之所（结界）。其次详释集法缘成、诸界结解、诸界受法、衣药受净、诸说戒法、诸众安居、自恣法、衣分法、忏六聚法、杂法住持十篇。

此疏的注书有：宋允堪的《四分律随机羯磨疏正源记》八卷、《四分律羯磨疏科》四卷，元照《四分律羯磨疏济源记》二十二卷，清代读体的《毗尼作持续释》十五卷、照远的《四分律羯磨疏显缘抄》二十卷等。其中以元照的《济源记》最为流行。

随后，道宣又撰《四分律比丘含注戒本》一卷、《四分律比丘含注戒本疏》三卷（后重订《戒本》三卷、作《疏》八卷）。在《含注戒本》中，道宣依广律对《四分律戒本》加以注解，书中设有四门：述教义之所由、摄教之分齐、名义之解释、题号之解释。注释此书的除道宣自己所撰《疏》之外，还有宋代允堪的《四分律发挥记》、元照《四分律行宗记》等。

贞观十一年（公元六三七年），在隰州益词谷撰《量处轻重仪》（一作《释门亡物轻重仪》）二卷、《尼注戒本》一卷。十六年（公元六四二年），仍入终南山居丰德寺，至十九年（公元六四五年）撰成《四分律比丘尼钞》三卷（今作六卷）。二十年（公元六四六年），在丰德寺将所撰《羯磨》一卷增广为二卷，又将《疏》二卷增广为四卷（今作八卷）。永徽二年（公元六五一年）九月又增订《含注戒本》并《疏》。后来学者将他的《四分律比丘含注戒本疏》《四分律删繁补阙行事钞》《四分律删补随机羯磨疏》，称为四分律宗三大部，另加他所注的《四分律拾毗尼义钞》《四分律比丘尼钞》合称四分律宗五大部。

此外，道宣还撰有《关中创立戒坛图经》《律相感通传》《释门归敬仪》《释门正行忏悔仪》《教诫新学比丘行护律仪》《净心诫观法》等有关律学方面的著作。因道宣长期居住终南山，并在此山创立了他的律学范畴，后人便称他所弘传的四分律学为南山宗，并尊他为南山律师。

道宣在律学上的主要成就，即在于他对《四分律》的开宗弘化，以及他生平力学、综揽诸部、会通大小以成一家之言的创见。他对于律学的整理，即以《四分》为本，竟采大众之文，用集一家之典，对《四分》中有义无文的地方参取诸律，而最后以大乘为归极，以顺中土大乘的机缘。他在《行事钞序》说："包异部诫文，括众经随说，及西土圣贤所遗，此方先德文纪，搜驳同异，并皆穷核；长见必录，以辅博知，滥述必剪，用成通意。"道宣这一综揽诸说成一家之言的学风，曾受到当时佛教界的广泛推重。

但同时也有一些学者不同意他的见解，如东塔怀素

源　流　263

律师批评说："题云《删补随机羯磨》，斯有近弃自部之正文，远取他宗之旁义，教门既其杂乱，事指屡有乖违。"（怀素《僧羯磨序》）这是代表另一部分律师认为道宣的著述淆乱了《四分律》的本质而有所指摘的意见。及至明末蕅益大师仍持这一看法，他说："《随机羯磨》出，而律学衰，如水添乳也。"（《蕅益大师全集》）虽然如此，道宣的学说在当时就已风靡佛教界，以至从那时以来的中土律学家，差不多都将他的著述奉为圭臬。

道宣以《四分律》会通大乘，且在《羯磨疏》里找出五种理由来证明其说。并由《四分》通大乘的看法，更进一步建立三学圆融无碍说。此即大小二乘各立三学，并以大乘佛教的三聚净戒作为律学的归宿。就大乘圆教三学说：戒是摄律仪、摄善法、摄众生三聚净戒；把心停止在诸法都以识为根本的看法上是定；详细观察它是慧。这三学圆融互摄，随便一种就含摄其余的两种。三聚净戒也是大乘圆融行，互相含摄，用此推论，对于小乘戒也可圆融无碍。

如杀生一种戒，就三聚具备：止息各种杀缘是摄律仪戒，经常从事生命的保护是摄善法戒，保护众生的生命是摄众生戒。杀生一种戒如此，不盗、不淫等无量的戒品，也都如此。所以一戒一行，圆融观解，就具足一切行，这样成为大乘妙行。这种理解和解释，合乎中土学人对大乘佛教的爱乐和机缘，因而使他所倡导的南山律学一直盛行流传。

戒体说是道宣南山律宗的主要理论。根据《行事钞》等著述，一切诸戒都包含有戒法、戒体、戒行、戒相四科。戒法，是佛所制定的各种戒律；戒体，是弟子从师受戒时，从自己内心领受所产生的所谓法体，即由授受的做法，在受戒者心理上形成防非止恶的要求与功德；戒行，是受戒后随顺戒体防止身、口、意三业罪恶的如法行为；戒相，是由于恪守戒法，戒行谨严而表现于外，可做楷式的形象。四科之中，戒体为基本条件，其他三科则为一切戒的辅助条件。

依据戒法，即佛所制种种戒律，受戒者于其本身之内，得无表业之戒体，随顺于戒体，而表现于身、口、意三业（身、口二业是外表行为，谓之表业；意之所为，谓之无表业），戒行缘以成立，由此而表现美德、威仪、庄严，是为戒相成就。持戒必具此四科，方为完满。南山律宗以大乘佛教的圆义来会通《四分律》，以阿赖耶识（第八识）所藏的种子为戒体，被称为心法戒体。

道宣律师不仅精研毗尼，通达律藏，且曾参与玄奘译场，于法相教义，尤得心得，遂以法相教义将佛陀一切教授教诫判分为化、制（一作行）二教。《行事钞》卷上一说："一谓化教，此则通于道俗，但泛明因果，识达邪正，科其行业，沉密而难知，显其来报，明了而易述。二谓行教，唯局于内众，定其取舍，立其纲维，显于持犯，决于疑滞。……谓内心违顺，托理为宗，则准化教；外用施为，必获身口，便依行教。"即以属于教理一方面的大小乘经论称为化教，如四阿含等经，《发智》《六足》等论。以属于行持一方面的如来教诫众生而对其行为加以制御的戒律典籍为制教，如《四分》《十诵》等律。

　　道宣以心识戒体为根据，更把化教分作性空教、相空教、唯识圆教三类。如《行事钞》说："一者诸法性空无我，此理照心，名为小乘；二者诸法本相是空，惟情妄见，此理照用，属小菩萨；三者诸法外尘本无，实唯有识，此理深妙，惟意缘知，是大菩萨佛果证行。"此中第一种是小乘人行，观事生灭，是性空教；第二种是小菩萨行，观事是空，是相空教；第三种是大菩萨行，观事是心，意言分别，是唯识圆教。

　　而把制教分为实法宗、假名宗、圆教宗三宗。性空教、实法宗、假名宗，摄一切小乘佛教的教理。相空教是说直下从诸法的当体观察真空无相的教法，摄一切大乘般若。唯识圆教是说观察诸法外尘本无、唯有识心、性相圆融的教法，统摄大乘《华严》《楞伽》《法华》《涅槃》诸说。

制教三宗中，实法宗即立一切诸法实有的萨婆多部等，此宗以色法为戒体。假名宗，就是立一切诸法唯有假名的经量部等，此宗以非色非心法为戒体。圆教宗即立一切诸法唯有识的唯识圆教等，此宗以心法种子为戒体。南山律宗在三教、三宗中属唯识圆教宗。

与道宣同称智首门下二哲的道世（？—六八三年），也于《四分律》深有研究，经常和道宣一同敷扬律部，著有《四分律讨要》及《四分律尼钞》。这两部著作和道宣的《四分律行事钞》都受到当时研究家的重视，以致将偏重研究《四分律行事钞》的学者称为"钞家"，而偏重研究《四分律讨要》的学者被称为"要家"。道世的学说大体和道宣相同，所以一般也归属于南山宗。

唐代与道宣同时并弘《四分律》学的，还有相州日光寺法砺律师，开相部宗；长安西太原寺东塔怀素律师，开东塔宗。此二宗与道宣的南山宗并称律宗三家。

法砺（公元五六九—六三五年），是稍前于道宣弘扬律学的律师。道宣的著述中，已引用其说。他起先师事灵祐法师，后从静洪学《四分律》，更就慧光二传弟子洪渊听受《四分》大义。曾往江南研学《十诵》，后还邺都（今河北临漳境内），随缘教化，前后讲授《四

源　流　267

分律》四十余遍。常慨叹律文广博，乃折中诸说，制《四分律疏》十卷、《羯磨疏》二卷、《舍忏仪轻重叙》等。法砺认为《四分律》完全是小乘，与慧光视《四分律》为大乘、道宣以《四分》为小乘而义通大乘的说法相反。在戒体论上，法砺宗《成实论》，以无作戒体为非色非心之不相应行法，即非色非心戒体论，并将戒法分为受、随二门。

怀素（公元六二五—六九八年），曾参与玄奘的讲席，受具足戒后，专攻律部，从道宣学《四分律行事钞》，又去邺都从法砺学《四分律疏》。他对于两家的著作都感到不满意，认为"古人义章未能尽善"，决心自己另撰新疏。自咸亨元年（公元六七〇年）至永淳元年（公元六八二年），撰成新疏《四分律开宗记》二十卷，采用新译有部《婆沙》《俱舍》等论的解释，弹纠法砺《四分律疏》十六失。卷一为玄谈，有三科：一总简藏别、二别藏宗归、三释藏题目。卷二以下入文解释，就相部宗法砺旧《疏》的十六大义加以评破。为别于法砺的旧《疏》，此书称为新《疏》。

后来又撰《新疏拾遗钞》二十卷、《四分僧尼羯磨文》二卷，四分僧、尼戒本各一卷。新《疏》一出，怀素自讲五十余遍，四方律宗学者，莫不奉以为宗，所谓"傅翼之彪，搏攫而有知皆畏；乘风之震，砰輷而无远不闻"(《宋高僧传·怀素传》)。因怀素住在长安西太原寺的东塔,所以他的一系,称为东塔宗,与住在同寺西塔的法砺门下满意、定宾师徒等相对峙。

东塔宗立说和南山、相部两宗的不同之处,最重要的是关于戒体的问题。最初四分律家解释戒体,原有两种主张,一种以为戒体是色法,一种以为是非色非心。法砺《疏》中肯定了非色非心之说,他引证《成实论》,认为《成实论》是昙无德部的著作,所以应依据此论来解释同部的《四分律》。道宣曾从学于法砺门下,本来也主张非色非心的戒体说,但后来接受了唯识思想之后,遂改变主张而以心法为戒体。

怀素在两家之外,独树一帜,肯定戒体是色法。他的理由是,昙无德部原出化地部,而化地部出于说一切有部,所以《四分律》乃是有部的支部。昙无德部的著作,在中国未传,故解释《四分律》应依说一切有部之书,方合正理。怀素在疏文中引了不少《俱舍》《婆沙》和迦湿弥罗诸大论师的主张,对于戒体采用有部的色法说。他认为相部法砺未明此理,枉以经部末师的《成实论》来解释《四分》戒体,而南山道宣更欲以大乘赖耶受持种之义强释《四分》戒体,义虽善巧,却与《四分》义相差太远。

其次,则为《四分律》的宗旨问题。怀素在《四分

源　流　**269**

律开宗记》中以戒行为律藏之宗，而破斥七家异解。其中第二家以"受随"为宗的，正是法砺。怀素认为"受随"就包括在止作之内，是戒行的前后两部分，既有前后不同，就不好立以为宗。只有戒行才能通贯始终，算是宗旨。他也反对道宣大小乘并举、诸部统括之说。

东塔宗对于《四分》之解释，不判大小，以释尊摄化，随机隐现，所以怀素驳斥相部和南山二宗说："相部无知，则大开量中，得自取大小行也。南山犯重，则与天神言论，是自言得上人法也。"（《宋高僧传·怀素传》）不过，怀素学说原是渊源于相部和南山的。《四分律开宗记》的内容，基本上采用法砺旧《疏》的原文，其修正旧《疏》发明自己新意的只占了一部分。同时，他也吸收了道宣的学说，如化、制二教的建立等，他还从玄奘接受了俱舍学。所以，怀素学说的性质，是较为复杂的。也正是由于他对于前人的学说能舍短取长，他的主张一出，曾轰动一时，为当时学律者所宗。

唐代律宗三家间互有争论，相部和东塔彼此责难尤烈，所谓"两疏传授，各擅颛门，学者如林，执见殊异，数兴诤论"（《宋高僧传·圆照传》）。

到了开元年间（公元七一三—七四一年），法砺门下西塔满意的弟子定宾律师，撰《四分律疏饰宗义记》十卷，详解法砺之《疏》；更撰《破迷执记》一卷，救法砺之大义，破怀素之异解。满意的再传弟子昙一，又著《四分律发正义记》十卷，企图会通南山与相部两派的异义，并"斥破南山"，对道宣学说有所非难。昙一的弟子朗然著《古今决》十卷，评议古说，解释《四分律钞》数十万言。律宗三个派系各有所本，三足鼎立，纠纷日兴。

至大历十三年（公元七七八年），唐代宗敕令三派名僧十四人齐集安国寺律院定夺新旧两《疏》的是非，佥定一本流行。此次集会实出于丞相元载的建议。当时佥定的原则是"新章有理义准新章，旧疏理长义依旧疏，两疏有据二义双全，两疏无凭则依经律"（见《贞元续开元录》）。佥定以调和为名，看似很为公允，实际元载的本意是要推行新疏。所以，主持此事的人是学新疏的如净。

到建中元年（公元七八〇年）十二月，如净等写成《敕佥定四分律疏》进呈，因有破旧《疏》立新《疏》的意图，当日就有不服的学者上奏。结果，只好仍让新、旧两《疏》并行，任学者所好，并获得朝廷许可，自此三宗并传。只是后来相部、东塔两系逐渐衰微，法嗣绝响，只南山一系传承独盛，绵延不绝。

道宣门下有受法传教弟子千人，特出的有大慈、灵崿（二人均著有《行事钞记》）、文纲、名恪、周秀、融

源流 271

济等。其中文纲及其弟子道岸，相继阐扬道宣遗教，弘化最盛，朝野崇奉，南山一宗风行更广。道岸还请唐中宗墨敕，在江淮间推行南山律宗，使最后奉行《十诵律》的东南一隅，也多改奉南山《四分律》。此后中国佛教律宗以南山《四分律》为依据，千余年来盘根错节，树立不拔之基。

虽然义净由海道往印度求法，历时二十五年，经三十余国，记录历年在印度的见闻，尤以戒律的行持实状为主，纠正戒律上旧传的舛误，不满中国僧众在实践上的失当，途中作传四十条寄归，即《南海寄归内法传》。他从印度携回《根本说一切有部律》，认为此律才是最纯正的律，所以他翻译此律凡十八部，企图使中国僧众的戒律完全仿效印度，此举并得到朝廷的支持，但最终仍无法动摇四分律宗，而未见广传。

融济的弟子玄俨作《行事钞辅篇记》《羯磨述章》。

恒景曾跟文纲学律，弟子有一行、鉴真。一行为唐代密宗学者。鉴真（公元六八八—七六三年）于开元年间，在扬州大明寺以戒律化导一方，其时有日僧荣睿、普照等来中国求法，于天宝元年（公元七四二年）到扬州礼请他到日本弘传戒律，于是鉴真和其弟子从天宝元年到十二年（公元七五三年）间，渡海六次，历尽艰辛，双目失明，最后终于到了日本当时的都城奈良，筑坛传戒，登台说法。他带去的律书有《四分律》，法砺、光统《四分律疏》，南山道宣《含注戒本疏》《行事钞》《羯磨疏》，怀素《戒本疏》，定宾《饰宗义记》，观音寺亮律师《义记》及天台宗典籍等四十八部和经像法物等。日本律宗，由此肇始，日人尊他为日本律宗之初祖。

继承道宣法系的周秀，以次第传道恒，撰有《行事钞记》十卷，道恒弟子有志鸿、省躬、昙清。志鸿撰《四分律搜玄录》二十卷，省躬著《行事钞顺正记》十卷，昙清著《显宗记》。省躬弟子慧正，慧正弟子玄畅，被称为"法宝大师"，撰有《行事钞显正记》，经弟子元表、守言、元解而入宋代。元表作《行事钞义记》。守言、元解、法荣、处恒（一作处云）、择悟次第相承；至处恒又撰《拾遗记》三卷，择悟著《义苑记》七卷。择悟下传承至允堪、择其、元照。

南山律宗至唐末五代，经过唐武宗废佛及五代的丧乱以后，律疏散失，传承乏人，呈现衰微景象。及至宋代，允堪、元照律师相继兴世，重振宗风，使南山律宗又复兴盛起来，史称为律宗的中兴时期。

允堪（公元一〇〇五——一〇六一年），出家后在西湖菩提寺讲授南山律宗，宋庆历、皇祐年间（公元一〇四一——一〇五三年），依照戒律在杭州大昭庆寺、苏州开元寺、秀州精严寺建立戒坛，每年度僧。所有道宣的重要著述，他都作了记解，有《行事钞会正记》《戒本疏发挥记》《羯磨疏正源记》《拾毗尼义钞辅要记》《教诫仪通衍记》《净心诫观发真钞》等十部，世称"十本记主"。后人将其学系称为"四分律会正宗"。

允堪有弟子择其，择其的弟子元照（公元一〇四八——一一一六年），博通三藏，参究各宗，而以律为本。住持杭州灵芝寺三十年，盛开讲筵，从事著述，以天台宗教义来阐明道宣的学说，著有《四分律行事钞资持记》《四分律含注戒本疏行宗记》《四分律羯磨疏济缘记》共一百余卷。并详究律宗传承，作《南山律宗祖承图录》，楷定南山九祖，后世称其为律宗中兴的大师。

宋志磐《佛祖统纪》卷二十九依之，作为南山律宗传承，后附允堪、元照二人略传。清初福聚著《南山宗统》，亦依元照所立九祖（昙无德、昙摩迦罗、法聪、道覆、慧光、道云、道洪、智首、道宣）次第，于道宣下续文纲、满意、大亮、昙一、辩秀、道澄、澄楚、允堪、元照，定为中国律宗之列祖。

道宣所著《行事钞》，自唐至宋，解者六十余家，而以允堪的《会正记》和元照的《资持记》二书最负盛名。但允堪和元照的学说也有差异，在关于绕佛方向及衣制短长等细琐问题上二者有争论，于是南山律宗又分为会正派和资持派。

故《释氏稽古略》卷第四说：元照"以《法华》开显圆意，作《资持记》，与《会正》师殊途同归，推明南山元意，而上合于佛制。自是《会正》《资持》又分宗于律矣"。但后代学者专弘《资持记》，推为南山律宗正统，允堪《会正记》遂不流传。其后，律宗又趋于式微，只元照之下有智交、准一、法政、法久、了宏、妙莲，次第相承。

在同一时代，律宗在日本也经历了同样的命运。奈良朝兴起的鉴真传来的四分律宗，到平安（公元七八四——一一九二年）初期已逐渐萎靡不振，到中世以后，其法脉即将断绝。这虽然由当时僧界颓废的风气所造成，但传教大师最澄兴起大乘戒不是没有发生影响。然而到了镰仓幕府（公元一一九二——一三三三年）的初期，四分律宗又一度出现了复兴的景象。大悲和兴正二僧重新振兴东大寺和招提寺两个戒坛，俊芿和净业二律师又入宋求戒，回国后在北京（平安，即京都）开泉涌寺和戒光寺两大律寺，使四分律宗重兴。由此，日本佛教史上才有了所谓"南京（奈良）律"和"北京律"的名称。

所谓南京律，就是重新振兴的鉴真和尚所传的四分律宗；北京律，则是在鉴真和尚以后再次传入的四分律宗。日僧俊芿于南宋庆元五年（公元一一九九年）春入宋，曾随侍如庵了宏律师学习南山律六年，后又从温州广德律师学"七灭诤"法。嘉定四年（公元一二一一年）携所得的经律章疏二千余卷和佛舍利等，乘船返回日本，重兴律学，日皇和幕府都奉他为戒师。

俊芿之后又有律学沙门净业，于嘉定七年（公元一二一四年）及绍定四年（公元一二三一年）两次入宋学律，从中峰铁翁守一重受具足戒，回国后开创戒光寺。

大悲和兴正均为戒如律师门下高足，二人均有志于弘律，慨叹律学不兴，投入戒如门下后，便携手共同致力于弘扬律法、利济众生的事业，四方奔走，广泛传播《四分律》学。二人门下有弟子几万之众，律匠有数百，使数百年濒于湮灭的鉴真和尚的律风重新振兴。大悲以招提寺作为传戒和弘布律宗的道场，而兴正则以西大寺为道场。大悲的徒弟圆照兴起了东大寺的戒坛院。

日后，日本律宗的命脉之所以能连绵不断，并且使律宗重振，这全是由于大悲、兴正的努力。

元明之际，律宗法系传承几于无闻。同时由于南宋后禅宗盛行，律学无人问津，所有唐宋诸家的律学撰述数千卷悉皆散失。

律宗的再兴已至明末，弘律的大德，又相继而起，比如莲池、蕅益、弘赞、元贤诸大师。虽非律宗，却有意扶持律学，均有律学的著述存世。莲池有《具戒便蒙》《沙弥律仪要略》《梵网菩萨戒经义疏发隐》等。蕅益有《沙弥十戒威仪录要》《毗尼珍敬录》《毗尼事义集要》《四分律藏大小持戒犍度略释》《律要后集》《梵网经合注》等。弘赞有《沙门日用》《沙弥律仪要略增注》《四分戒本如释》《四分律名义标释》、比丘及比丘尼《受戒录》各一卷、《式叉摩那尼戒本》《归戒要集》《八关斋法》《梵网经菩萨戒略疏》等。元贤有《四分戒本约义》《律学发轫》等。真正使律宗重见复兴气象的是古心律师。

古心（公元一五四一——一六一五年），名如馨，谥慧云。出家后，慨叹律学久废，僧尼不依戒律，矢志徒步至五台山求学戒法，返回金陵（今江苏南京市）后，于马鞍山古林庵建弘律道场，神宗曾赐"振古香林"的匾额。历住灵谷、栖霞、甘露、灵隐、天宁等寺，开坛授戒三十余处，徒众近万人，重兴南山律宗，世称中兴律祖。编有《经律戒相布萨轨仪》一卷，其法系被称为律宗古林派。

古心门下弟子有性相、永海、寂光、澄芳、性祇等。其中寂光（公元一五八〇——一六四五年），字三昧，初习贤首教观，后受具于古心律师，从此精研律学，博览五部。并在金陵宝华山建律宗道场，设坛传戒，受戒弟子满天下。开千华大社，著有《梵网经直解》四卷、《十六观忏法》等。其法系被称为律宗千华派。

宝华山自寂光后，成为中国戒学中心，且各地寺院传戒，皆以宝华山为轨范。寂光门下著名弟子有香雪、见月二人。香雪弘律于常州天宁寺，著《楞伽经贯珠》十卷，后传承不详。见月（公元一六〇一——一六七九年），号读体，受具于寂光律师，从此致志于《四分律》。寂光示寂时，嘱其继任法席。他住持宝华山三十余年，定制每年春冬传戒，结夏安居，寺规整肃，成为各方模范。治事之暇，即从事著述，对于近世律学的重兴，起了很大的作用。

其著述有《毗尼止持会集》十六卷、《毗尼作持续释》十五卷、《传戒正范》四卷、《毗尼日用切要》一卷、《沙弥（尼）律仪要略》一卷、《剃度正范》《僧行规则》《三归五八戒正范》《黑白布萨》《出幽冥戒》《大乘玄义》《药师忏法》等。其中，《传戒正范》一书，成为近代僧徒传戒必用的依据仪轨。近代弘一法师曾赞誉此书为"从明末至今，传戒之书独此一部。传戒尚存一线曙光之不绝，唯赖此书"（《律学要略》）。

见月的弟子，以德基、书玉为最著。德基嗣席宝华山，从学者甚众，著有《羯磨会释》十四卷、《毗尼关要》十六卷、《毗尼关要事义》一卷、《比丘尼律本会义》十二卷。书玉分席杭州昭庆寺，重振戒坛，著有《梵网经菩萨戒初津》八卷、《毗尼日用切要香乳记》二卷、《沙弥律仪要略述义》二卷、《二部僧授戒仪式》二卷、《羯磨仪式》二卷。

德基嗣法弟子三十八人，以松隐继嗣法席。松隐以下闵缘、珍辉、文海次第相传，使宝华山一派，不失规模。

文海（即福聚）于雍正十二年（公元一七三四年）奉诏入京，住持法源寺，大兴律宗，世称法源第一代律祖。这是南山律宗千华派在北京分支之始。著有《南山宗统》《施食仪轨》等。他曾奉敕开三坛大戒，四方乞戒学徒达千余人。其下有理筠、浑仪、恺机、卓如、朗鉴、体乾、敏通、圣性、浩净，次第相传。自古心至浩净已传承十七世。

晚近律学，唯宝华山一系，以开坛传戒为任，使出家受戒之仪制得以勉存，佛法借以弘扬，其功不可没。

乾隆时，北京潭柘寺源谅（公元一七〇五—一七七二年）亦盛传戒法，著有《律宗灯谱》二卷。湖南先令长松以各地传戒戒科不一，撰《戒科删补集要》，盛传于湘鄂。

太平天国以后，金山的观心、焦山的大须、天台的敏曦等，都倡传戒律于江浙。光绪二十三年（公元一八九七年），发朗重建杭州昭庆寺戒坛，时称为律宗中兴（见俞樾《昭庆寺重建戒坛记》）。

律宗在历史上衰落时期大大多于其隆盛时期。在北宋和明末有过两次复兴，随即为社会大动乱的浪涛所淹没，此后一直黯然不彰。至近代，专研四分律宗者，有弘一、慈舟两位大师。

弘一大师（公元一八八〇——一九四二年），是近代南山律中兴之祖。一生持律严谨，对律学的弘扬贡献巨大。三十九岁出家，同年受具足戒，因阅读马一浮居士所贻见月律师的《传戒正范》和蕅益大师的《毗尼事义集要》而发心学戒。起先研究有部律多年，后接受从日本请回中国失传的南山宗三大部的徐蔚如居士的劝说，改研南山律。从此，在以后的二十多年中，几乎无日不在律藏中，研讨探究，发扬深显，一直致力于弘扬南山律。

他遍考中外律丛，校正三大部及其律藏，曾对律疏做了大量整理工作，主要是圈点、科判、略释、集释、表释等。著述有《四分律比丘戒相表记》《行事钞资持记表解》《行事钞资持记扶桑集释》《比丘尼钞集解》《含注戒本随讲别录》《删补随机羯磨随讲别录》《删定僧戒本略解》《羯磨略义》《教诫新学比丘行护律仪集解》《南山律在家备览》《在家律要之开示》《南山律宗传承史》《南山律宗书目提要》《南山律苑文集》等。

弘一大师发大誓愿,以毕生精力研究戒法,护持南山律宗,务期戒律一藏,大著僧海,普及四众,使南山之律大放厥光。所以,弘一大师之人格志行、律学著述,在中国近代佛教史上产生了巨大的影响。

慈舟大师(公元一八七七——一九五七年),为现代著名律师。出家后勤精三学,解行相应。先后在汉口的九莲寺、常熟法界学院、镇江竹林佛学院、苏州灵岩寺、青岛湛山寺、北京净莲寺等地弘法弘律,使久已衰微的律学重振。一生教宏贤首,律持四分,行宗净土。自行教人,均以戒法为本。行迹所至,常讲说戒品,并力行不懈。著有《菩萨戒本疏》《四分戒本悬谈》《毗尼作持录要》《劝比丘学比丘戒意义》等。慈舟律师住世及圆寂后,时贤从而承教学戒者亦不乏人。慈舟律师亦是现代对律学很有贡献的人。

以上将中国佛教律宗的源与流,从历史角度作了粗浅简要的回顾。主要勾勒了《四分律》从传入至立宗发展演化进程中,主要思想及各种著疏产生、变化的历史线索,因篇幅所限,其传承代表人物的生平行履则基本没有涉及。《四分律》在中土弘扬的历史实际是一部中外文化相即相融的历史。

　　《四分律》缘何能压倒《僧祇》《十诵》而独弘天下，成为中国佛教律仪的中心？道宣对《四分律》进行了"由小入大"的改革，所创立的南山宗为何能一宗独盛、传承不绝？义净自认为纯正的根本说一切有部律为何无法对中国律宗产生影响？禅宗的盛行，为什么会影响律学的弘传？所有这一切在《四分律》弘传过程中的不同传承环节、不同历史阶段所体现出的基本精神和不同特色，都昭示着一个历史规律：大凡一种外来文化要想在异国他乡扎根生长，首先必须为该社会所理解和接受。而人们接受异国文化，又往往以固有的传统思想去理解它，从而使异国文化带有浓厚的传统色彩。

　　《四分律》在中国传承的殊胜因缘，主要是与中国佛教盛行大乘学说相关联的。《四分律》在中国弘传的兴盛与衰微，都可作为今日佛教世界化、现代化的重要历史借鉴。

解说

佛法的总纲是戒、定、慧三学。修学佛法的次第是持戒修定，开发智慧。所以，又叫此三学为三增上学。所谓戒，是戒律，防非止恶叫作戒；所谓定，是禅定，静虑澄心叫作定；所谓慧，是智慧，研真断惑叫作慧。戒、定、慧三学应以先修习戒学为基础，所谓由戒资定，依定发慧。戒为定慧之基，定生后，戒即与之相应而成为定共戒；慧发后，戒即与慧相应而成为道共戒。三学之中，戒学为首，可以知道戒律在佛教中所占的重要地位。故《华严经》上说："戒为无上菩提本。"学佛的目的，就在于求解脱、了生死，证得无上菩提，所以无论出家众还是在家众都必须以戒为师，以严持戒律为根本；如舍此根本而求定慧，无异舍本逐末。

戒律的根本精神

　　《四分律》作为原始佛典，不仅在印度、中国影响甚大，即使在日本、韩国，其影响所及，亦如风行草偃，这使它在佛教的汉文化圈内，成为最具权威性、最具影响力的律典。《四分律》的根本宗旨在于立足正法、止恶扬善、提升道德、觉悟人生。

　　所谓人生觉悟的根本内涵，即是以求最高的"善"为目的，也就是要达到一种"至善"的境界。《四分律》的根本精神即在于此，也就是"诸恶莫作，众善奉行，自净其意，是诸佛教"。止恶修善的究竟目的就在于求得"精神的解脱"。解脱是解除一切尘俗的牵累，而能自在圆满，而这种解脱的状态即是所谓"涅槃"。涅槃是一种永远和平、安乐的境界，只有站在这一立场上去认识宇宙人生，才能奠定人生的幸福。社会的繁荣和经济的发达，可以保障人们生活的安逸快乐，但在对人类命运的终极关怀上，还是要以"精神的解脱"为基础，由此为人类提供安身立命之处。精神解脱的获得，首先要有正确的见解，同时要把这种正见，付诸现实的人生实践，这也就是佛教所说的实证的修道，戒律正是实证修道的具体表现。

　　戒律梵名有三：一名尸罗，汉译曰戒，又曰清凉。

《大乘义章》卷一说:"言尸罗者,此名清凉,亦名为戒。三业之非,焚烧行人,事等如热,戒能防息,故名清凉。清凉之名,正翻彼也。以能防禁,故名为戒。"《大智度论》解释"尸罗"时也说:"尸罗,秦言性善。好行善道,不自放逸,是名尸罗。"由此观之,以人能止恶行善,则心安理得,俯仰无愧,故心无热恼,译为"清凉";又因远离秽恶,译为"性善"。

二名毗奈耶,旧译毗尼,汉译曰律,或译为调伏、善治。律为禁制之法,以此为准绳,则能灭除恶非,调伏烦恼,善治身心而得清净。《四分戒疏》云:"律者,法也,从教为名;断割重轻、开遮、持犯,非法不定,故正翻之。"诸经论中,多用毗奈耶以名律,故律藏又称毗奈耶藏。

三名波罗提木叉,汉译别解脱,又曰处处解脱。戒律名为解脱,义有二种:一者戒行能免业非,故名解脱;二者能得彼解脱之果,故名解脱。

戒律名虽有三,但意义却是互通的,诸名所指,实无差别。戒律在修习佛法中有着殊胜的功德,所谓戒为一切诸善功德住处。人必止恶才能行善,有了向善之心,才能进一步希求解脱。修学佛法必须持戒守戒,所以,《璎珞本业经》云:"一切众生,初入三宝海,以信为本;住在佛家,以戒为本。"

据说，释迦佛成道后，初十二年，僧众清净，佛仅为无事僧略说："善护于口言，自净其志意，身莫作诸恶，此三业清净，能作如是行，是大仙人道。"（语出《戒经》）此后僧众日增，团体生活，渐趋复杂，佛为广行教化，因种种因缘，制种种规约，随犯随制。佛教的戒律，也就从此陆续地制定下来。

在《四分律》中，释迦佛历述过去七佛，佛法住世久暂，无不以是否制戒摄僧为定，即知戒律为佛法的生命，关系着佛法的住世。释迦佛制戒的本怀，即在于此。《四分律》明确指出："毗尼藏者，是佛法寿，毗尼若住，佛法亦住。"戒律护持佛法，是入道之基，功德之本。三乘道果，相续不断，盖以戒律为根本。所以释迦佛于临涅槃时，特别告诫阿难及其众弟子说："汝等比丘，于我灭后，当尊重珍敬波罗提木叉，如暗遇明，贫人得宝；当知此则是汝大师，如我住世，无有异也。"（《遗教经》）修习佛法，必须以戒为师。道理十分简单，如果没有戒律的约束，佛弟子的行为就没有准绳；没有戒律的轨范，僧团就不可能依律摄僧，和合共住。没有依戒修持的佛弟子，没有如法如律的僧团，佛教的生命也就不存在了。佛陀的教诲告诫人们，戒律的存亡，实为佛教法身慧命之所系，戒律在世一日，便是佛法在世一日。

所以当佛陀入灭之际，弟子阿难尊者曾预为启问："世尊灭后，诸弟子等应以何为师？"

世尊答言："汝勿见我入般涅槃，便谓正法于此永绝，何以故？我昔为诸比丘制戒波罗提木叉及余所说种种妙法，此即便是汝等大师。如我在世，无有异也。"（《大般涅槃经》卷下）

可见，戒律与佛自身居同等地位，修习佛法必须以戒为师，这样才能使戒香普熏，正法久住。

戒律改革的历史与现状

纵观佛教弘传史，戒律问题一直是占据首要地位的。佛陀涅槃后，佛教教团最初和最重要的事，是结集佛的遗教遗诫。由"持律第一"的优婆离尊者诵出律藏，由"多闻第一"的阿难尊者诵出经藏。佛涅槃后一百年的第二次结集，也是为了结集戒律而举行的。佛教始终是建立在戒律之上，戒律是佛教的基础。

但同时也可看到，在佛教史上，戒律问题又是一个十分敏感而又异说纷呈的问题。相传在第一次结集完备后，阿难曾说：佛将入灭时告我，大众若欲弃小小戒，可随意弃。从这句话中，已显露出佛灭后的僧众，对戒律已有不同的看法。

律中记载，富楼那尊者于窟内结集后，来到王舍城，曾提出内宿、内煮等八事，与迦叶尊者发生意见分歧，结果争执不下，各行其是。当时，迦叶见众说纷纭，乃宣告时众：佛所未制，今不别制，佛所已制，不可少改。大迦叶此言一出，所有的争议才停止下来。

由此可见，对于戒律的不同看法，第一次结集时已开其端绪。不过因为佛初灭度，歧见不深，暂时归于一致。一直到佛灭后一百年，耶舍因跋耆族的比丘们做了十件不合律法的事，而邀诸高僧大德举行第二次结集，结果，皆判为非律。但奉行十事的比丘人数众多，因而与正统派的上座长老们发生意见上的分歧，遂分裂为大众部和上座部两派，此即因戒律的开遮不同而导致部派分裂。以后，又分为二十部，乃至五百部。当然，分派以后的佛弟子们，于根本律学，仍然是遵行奉守，未敢轻犯，犹如一根金杖，段段分折，但其金之本体，未曾减损。

中国佛教弘传史也同样表明，从印度传来的律法，原是适应印度当时当地的人事而制的，传到中国后，时固不同，地亦有异，风土人情更有悬殊，一切客观环境都有了变化，自然就难以整个接受，而必须有因时、因人、因地、因事而制其宜的改变，方能适应新的环境而流传。

唐代《南海寄归内法传》的著者义净曾亲身到印度等处考察二十余年，回国后想要在中国全部推行印度的小乘戒律，照搬印度僧侣的生活方式，其用意是好的，结果却行不通。比如托钵乞食的律法，中国僧众就没有普遍的遵行。这可看作是因中印风俗习惯不同而变通律法的一个典型事例。

在印度，出家人乞食自活，塔寺兰若，不立炊事，施者因时而施，乞者按时乞化，早已形成一种普遍的社会风气，无论从施者或受者哪一方面讲，乞食制度都是行来极其自然的。印度文化，向来是敬信出家人的。况且在印度中部、南部一带，气候温暖，野生果木很多，乞食不到，还可随地采而充饥。但在中国，便没有如此容易了。中国文化的民俗风情，与印度迥然有别，除了贫而无告沦为乞丐者，即使如隐士之流，仍是靠自己躬耕畎亩而得衣食的。此外，中国素来以农立国，社会普遍重视农耕，仅靠乞食生活，便会被视作懒汉或无用的人。

从文化观念上说，古代传统文化观念认为人的身体发肤，受之父母，不可毁伤，且有"不孝有三，无后为大"的说法，比丘既已剃除须发，出家修道，已经犯了大不敬和不孝，一般的人已心存偏见，何况还要乞食于人，就更不容易了。所以，中国僧人大多参与农事。

特别是自百丈怀海后，行农禅并举的"普请法"，提倡"一日不作，一日不食"的生活方式。

可见，地域及风俗习惯的差异对于持戒的开遮影响确实是存在的。所以，佛教的戒律亦不能绝对的"千古一制"，而应适应新的社会文化环境，做到"随时适变，逐处所宜"。其实戒律本身就有"随方毗尼"的说法。佛陀当时也预料到各民族、各地区文化环境、风土人情的差异会给传法弘教带来影响，所以给后代弟子立了一个有弹性的权宜办法，佛陀说："虽我所制，于余方不为清净者，则不应用；虽非我所制，于余方必应行者，皆不得不行。"（《五分律》卷二十二）

其实在中国，《四分律》的弘传独盛，正是南山道宣律师根据本土风俗人情对戒律原典进行了加工改造，使其适应中国的国情的缘故。弘一大师在《律学要略》中即指出："南山律依《四分律》而成，又稍有变化，能适应我国僧众之根器。"

佛教传来中国，义理之学偏盛，出家比丘大多钻研义理，著疏立说，蔚成中国佛教之大观。而戒学一门，虽有印度律师东来传布，并有诸部律本流传，但历来研习之人不多，即使是中国佛教的律学大师们在对待戒律的解释和遵循原则上面，也只是习惯于做旁征博引的疏注一类，并将学戒的比丘，特别立为"律宗"的名目。

由此对律制的奉行无形中简略了。

同时，唐宋之后，禅宗大盛。禅者特重内心的证悟，力求明心见性，顿悟成佛，强调"平常心是道"，对繁重的律制性难耐守，而提倡受"无相戒"，反倒将外在的戒条律仪看作是悟道的障碍。甚至史有"禅不掺律，戒不谈禅"（明三峰《弘戒法仪》）的说法。特别是至百丈怀海时，采撷大小乘戒律，创建禅律，与律寺分离别立禅居，创十方丛林制，订"百丈清规"，于律学是一重大创伤。明三峰法师在《弘戒法仪》中说："禅人忽律而重心，戒师执相而遗体，自戒坛一闭，仪法尽亡。"寥寥数语，揭示了当时律宗衰落的景象。

这样，一部中国佛教史，关于弘律传戒的记载，在分量上就显得那么轻。律宗的衰败亦是意料中事。中国佛教虽不尽如律而行，仍能延续至今者，因为佛教的经论之中，处处都有戒律的强调，比如《大智度论》《瑜伽师地论》《大涅槃经》《法华经》《遗教经》，等等。即使在"百丈清规"中，仍有许多地方是依据《四分律》而作的。所以，中国佛教虽不严于律制的遵守，但却没有违背戒律的根本精神，这是值得庆幸的事。

本来，佛教的根本精神是依法不依人的，只要依照律制而行，佛法自可历久常新。可是反观中国佛教，历代以来，往往是依人不依法的，如能出现几位大祖师，以祖师作为佛教的中心，佛教便兴；如果数十年乃至数百年间，没有一个祖师出现，佛教也就跟着衰微下去。如律宗的几次兴盛，即是与唐代的道宣，宋代的允堪、元照，明末的古心、寂光，近代的弘一、慈舟律师的发心弘律分不开的。

佛教本以佛法为中心，中国佛教，却以祖师为中心，所以佛教史上弘律持戒的状况，总是不能尽如人意。所幸近年来，有心人士感于教团纪律之不足，纷纷投注于教育，培育僧材，如台湾的星云、圣严等诸位大师，对兴学育才，不遗余力。

人能弘道，非道弘人，相信经过教育的熏陶，僧团步上更有纪律，让禅宗的道场安心参禅，让律宗的道场能专心学律，让净土的道场能一心念佛，破除腐化以经济为目的的经忏，各道场肩负起净化人心这一宗教的神圣责任。

现在谈到学律持戒，虽然没有人公开反对，但有许多问题需要澄清，需要有正知正见。首先，认为戒律是两千年前制定的，现在持守这些戒律是不合时宜的。目前僧众多有改革戒律的呼声。认为鉴于中印风俗民情不同，其中有许多律仪难以相应，另外，时代在变化，佛教也要有所变化，要认识教制的目的性和机宜性，及时舍弃不合时宜的执着，兴所应兴，革所应革，才能光大佛教的慧命。(参见台湾《菩提树》杂志第四四九期和中国佛教协会《法音》杂志一九九三年第三期刊登的有关讨论文章。)

今天佛教界应该是面对这一现实的时候了。应当承认，要以死板的条文来硬生生地加在每一时代的每一个弟子身上，实在是一件困难的事，也是一件不合理的事。但因为律为佛制，千百年来，无人敢作取舍之辨。事实上，如果真的遵照全部律文来持守，确也有多方面的困难，所以戒律本身就有"随方毗尼"的说法，也有"小小戒可舍"的原则。

近代弘一大师也同意舍微细戒的遗教，但是他认为，制限多寡，人各随力，约最低标准而言：止持之中四弃、十三僧残、二不定法，悉应精持；作持之中，结僧界、受戒、忏罪、说戒、安居、自恣等，亦易行耳。所以只要不违背律制的原则，即可随方应用，自然也可以随着时代的潮流而应用，唯其如何随方随时应用者，则必须熟习戒律之后，方可灵活圆融，方可不违律制的原则。时代有新旧，律制的精神则是历久而常新的。

其次，认为戒不容易持，这种畏难情绪，在家众和出家众是一样的，而尤以出家众律仪烦琐细碎，更易令人起望戒生畏的心理。人们一般仅知道《四分律》中规定比丘戒二百五十条，比丘尼戒三百四十八条，其实，差不多在每一条的戒相之中，又多有开、遮、持、犯的分别；同时，开、遮、持、犯，各各又有轻重等级；同样犯一条戒，由于动机、方法、结果等的不同，犯罪的轻重及忏罪的方式也各有不同。戒律的条文固然是戒，凡不在条文中而仍违反了佛法原则的，也都算是犯戒。所以要研律持戒就必须付出耐心和苦心，从繁复的戒相名目之中，培养出持戒的精神和弘戒的悲愿来，而不应知难而退，半途而废。

再次，认为持戒是小行小节。千百年来，大乘佛教盛行中国，尚谈乘急戒缓，流风所及，以至视无戒为正常，以有戒为拘执，视比丘戒法为小乘，而以学大乘佛法自居，于是舍小而取大，并以此为口实，谓是大士不拘小节。以上畏戒、轻戒的心理，严重侵蚀着出家信众。

其实，任何一种宗教，都有其严格的禁律条文。戒律是佛法的基础，戒律是佛法的寿命，放眼中国佛教的现状，不欲宣扬久住则已，若欲宣扬久住，自利化他，研习戒学，注重律行，实为振兴中国佛教的唯一有效之路。出家僧众若不持守戒律，无异就是斩断佛法寿命。所以不欲住持佛法则已，若欲住持佛法，就不能不恪守佛教戒律。

灵芝元照律师在《资持记》卷三中曾说："且戒必

可轻，汝何登坛而受？律必可毁，汝何削发染衣？是则轻戒全是自轻，毁律还成自毁。"学律持戒的目的，在自身方面，自然是希望"尽无穷之生死，截无边之业非，破无始之昏惑，证无上之法身"（《资持记》）。同时，更重要的一方面是要使"毗尼久住、佛法久住"，这是每一位佛弟子都应担当的责任。

佛陀制戒，意在摄僧，僧团和合，如法如律，则是正法久住的希望所寄。所以要扭转末法时代律行不严的颓败气象，抵御当今时代道德腐败、罪恶滋生的潮流的冲击，一定要严持毗尼，以戒为师。至于戒律中究竟哪些是不合时宜的，哪些是无法行得通的，而这些不合时宜、行不通的戒法对于佛法有什么关联，依据"小小戒可舍"的原则，这些戒法可不可以放弃；在戒法中，哪些是必须遵守的，哪些应坚持不懈；尤其在现代社会中，佛教徒怎样行事才算是符合时代性，如何修持才算是适应新潮流，这一切的一切，都可以由发心弘律的高僧大德和有识之士们冷静地进行讨论研究。

律法弘传与佛教世界化

佛教的世俗化和世界化已经成为当今佛教发展的两大主题。

佛教自公元前六世纪至公元前五世纪在印度诞生之后，广泛流传于亚洲很多国家和地区，近代又传播至欧美等国家。如今佛教已经成为影响广泛的世界性宗教之一，全球信仰佛教的人数大约在五亿左右，佛教对许多国家的社会和文化生活起着十分重要的作用。

　　佛教在传播过程中，为了适应近、现代社会的发展，其形式和内容都有了相应的变化。这些变化表现是：有些传统的佛教派别衰落了，有些则得到了急遽的发展，如律宗趋于式微，而禅宗及密宗在第二次世界大战后，无论在传统流行的地区或者新开展的欧美地区都得到了广泛的传播，蔚为世界性的信仰和研究热潮，并且出现了一些国际性的组织。

　　另外，在佛教内外各个派别之间与基督教一样开展了对话、协作，彼此互相影响，互为补充，甚至融为一体，在此基础上出现了很多新佛教或改良佛教。例如印度在二十世纪五十年代兴起的新佛教就与传统的佛教有着明显的差异。日本在第二次世界大战后兴起的新兴宗教中某些佛教派别在信仰和组织上都摄取过西方流行的一些思潮和活动形式。

　　佛教传入欧美后，为了适应西方的社会生活方式，也相应地进行了改革和调整。有些教派按照基督教的方式把寺院改称为教会，划分为若干教区，每个教区辖有若干教会和附属团体，教区和教会设有专职僧侣。如美国佛教会拥有六十个独立教会和四十个分支，这些教会按照美国地理分布分成八个区域，各区统辖大城市的教会并附有佛教妇女会、青壮年佛教会、星期日学校等。欧美的寺院不单是宗教活动的场所，也是商业社交活动、文化娱乐的中心。

佛教在现时代所出现的这些新情况，既是佛教复兴发展的契机，同时也是弘传戒律、令佛法久住的暗礁。现在，印度等南传佛教国家，在形式上还是严格厉行持戒生活，中国的僧侣同样如此，包括中国的在家居士，认真的人还是保持着五戒。但日本佛教就有其独特之处。

在古代，日本也是以国法的形式来命令僧众守持戒律的，严禁僧人饮酒食肉，至德川时代，还是如此。但至明治以后，僧人却可以自由地食肉带妻，与世俗人一般，终于形成今日的无戒佛教。如明治五年（公元一八七二年），政府明确规定允许僧侣食荤、娶妻、蓄发。翌年又承认僧尼有蓄发、食荤、婚姻和还俗的自由。如今日本佛教已演变为居家佛教，即僧侣得以享受一般公职人员的权利，过着同样的家庭世俗生活。这一佛教世俗化的变化，反映了日本佛教的特殊体制。

佛法如何在当今日益通俗化的世界中发扬光大，这是许多当代高僧大德和佛学家关注、沉思的焦点。纵观世界佛教，尽管为了适应时代的嬗变，对传统佛教的思想内容和修持方法作了不同程度的调整和改变，但仍有许多大德高僧和有识之士在大声疾呼，呼吁僧界要重视律行，以戒为师，使佛法久住世间。如中国佛教协会大力提倡人间佛教思想，但明确指出："我们提倡人间佛教的思想，就要奉行五戒、十善以净化自己，广修四摄、六度以利益人群。"（赵朴初《中国佛教协会三十年》）那种以为提倡人间佛教思想就应重视对戒律的修学，显然对当今的佛法精神缺乏正确理解，致使戒德衰颓，正法焉能久住？净戒不修，僧伽的庄严形象复何存在？中国佛教协会为力挽颓风，对目前大陆某些寺院滥收徒众、滥传戒法的现象曾再三提出整饬意见，并于一九八四年四月颁发了《关于汉族寺庙剃度传戒问题的决议》，要求汉族佛教寺庙剃度传戒要遵守佛制，如法如律。一九八九年又颁布了《汉传佛教寺庙共住规约通则》和《汉传佛教寺庙管理试行办法》两个文件，这对于僧众和合共住、如法修持起到了很好的作用。在一九九二年初召开的"全国汉语系佛教教育工作座谈会"上，由赵朴初居士提出在学僧教育中贯彻"学修一体化、学僧生活丛林化"的原则，逐步消除一些学僧信仰淡化、戒律松弛的弊病。

近几年来，大陆各寺院滥传戒法的现象有所减少，依律说戒、诵戒之风、结夏安居之制也在许多寺院开始恢复，许多寺院在戒学道风方面迈出了可喜的步伐。与此同时，海外许多高僧大德也在为恢复律制、护持佛法而奔走呼号。

佛光山开山宗长星云大师于一九八八年在美国洛杉矶创立"北美第一大寺"——西来寺，旨在使佛法西传，沟通东西方文化，使佛教在世界各大洲发扬光大。

并于同年十一月举行"三坛大戒"的传戒活动，这是中国佛教首次在不同国度（西方国家—美国）的传戒。这次传戒的特色是：来自不同的国度（来自中国、美国、韩国、日本、泰国、法国、德国、新加坡、印尼、马来西亚、尼泊尔、斯里兰卡、越南十三个国家）的不同人士，在同一时空，各自穿着中国南北朝传统的僧服，近三百位青年戒子，均以欢喜的心情，依着佛陀律制，在此北美最具佛教文化圣地的西来寺，求受清净戒法。

再者，此次的求法戒子，教育程度亦高，有心理学博士、电脑硕士、大专院校程度的比比皆是，可见僧伽素质的日益提高，更显示佛教由亚洲至美洲，由东半球至西半球的蓬勃推展。

另一特色是，此次戒法传授以多种语言文字来教授,除了戒律课程外,还有来自中国、美国、斯里兰卡、越南等国的高僧,以多种语言讲授、翻译法要。而此次戒师的戒腊皆在三十年以上,集合了南北传高僧,每位都是学德兼备的高僧。

一九九〇年,上海龙华寺夏季传戒大法会也有中国台湾、中国香港、新加坡、美国等国家或地区的僧尼大德前来学戒传法,使戒法相融,东西交汇。

而一九九一年三月至六月在佛光山举行长达三个月九十天的罗汉期戒会,更是创下了中国佛教史上戒期最为长久的新纪录。

此次戒会仪轨庄严殊胜,具有诸多特色,如戒期最长,戒师最殊胜,戒子最优秀,课程最丰富,仪礼最如法,规矩最严谨,设备最齐全,戒会最清净等八大特色。

佛陀说:戒在则法在,法在则佛在。僧伽有责任将佛陀所证悟的正法传扬于世,因此要成就能够荷担如来家业,成为众生慧命所依怙的僧宝,求受三坛大戒的重要性,是可想而知了。

相信海峡两岸、东西各方佛教界人士的携手同心、共同努力,一定会使律制长存、佛法永恒。

树立佛教的庄严形象,使正法久住世间,这是每一个佛弟子义不容辞的职责,而学习戒律、严净毗尼,不但能防非止恶、规范行为、净化自身，而且也是令佛法久住世间的根本保证。持戒可以成就一切功德，遵行戒法，可以断除自己的烦恼业障，可以使有惭愧心的人内心宁静，可以制罚或灭摈难以调伏的人。僧团由此而得清净健全，自然可以令世间不信仰佛法者升起敬信之心，已经信仰佛法者，可使其信心更加坚固。僧团清净，信众增多，佛法便可以周流普遍，这样便可以达到"毗尼久住、正法久住"的目的。由此看来，戒律的重要关系个人的修持、僧团的和合、世人的教化、正法的兴衰。所以，要想使佛教久住世间、僧团和合，必须重视律制的推行，必须推行律制的教育，使每一位信佛者都要受戒、学戒并且持戒。像《华严经》所说："戒是无上菩提本，应当具足持净戒，若能坚持于禁戒，则是如来所赞叹。"

同时，在现代社会，设使人人能勤修戒定慧，断灭贪嗔痴，通达无染无我，难舍能舍，难忍能忍，自然净除我见我所，那么不论造作任何作务，都能经常抱持着菩提心，随顺众缘都不离自性，不虚弃人生，不懈怠放逸，孜孜律仪，念念定慧，难行能行，洁身自尊，摒弃世俗贪欲。人人如此，便可使社会安宁、民风淳厚，对于忠孝仁爱、礼义廉耻、勤俭朴素、诚实做人的一切世间法，自然能一一持守，从而根治今日的杀盗淫妄、欺诈掠夺、追逐物欲、奢侈腐化的种种颓风。

总之，只要佛教界大众一心，同心同德，去除我执私利，超越时代潮流的弊病，就可以使佛光普照，佛法长存。千百年的佛教弘传史证明：僧团愈是行持谨严，威仪济济，愈是受越来越多人的崇信；佛教愈是海众和合、戒相庄严，愈能走向世界，为现代文明和世界和平事业做出更大的贡献。

出版后记

星云大师说："我童年出家的栖霞寺里面，有一座庄严的藏经楼，楼上收藏佛经，楼下是法堂，平常如同圣地一般，戒备森严，不准亲近一步。后来好不容易有机缘进到藏经楼，见到那些经书，大都是木刻本，既没有分段也没有标点，有如天书，当然我是看不懂的。"大师忧心《大藏经》卷帙浩繁，又藏于深山宝刹，平常百姓只能望藏兴叹；藏海无边，文辞古朴，亦让人望文却步。在大师倡导主持下，集合两岸近百位学者，经五年之努力，终于编修了这部多层次、多角度、全面反映佛教文化的白话精华大藏经——《中国佛教经典宝藏》，将佛教深睿的奥义妙法通俗地再现今世，为现代人提供学佛求法的方便途径。

完整地引进《中国佛教经典宝藏》是我们的夙愿，

三年来，我们组织了简体字版的编审委员会，编订了详细精当的《编辑手册》，吸收了近二十年来佛学研究的新成果，对整套丛书重新编审编校。需要说明的是此次出版将丛书名更改为《中国佛学经典宝藏》。

佛曰：一旦起心动念，也就有了因果。三年的不懈努力，终于功德圆满。一百三十二册，精校精勘，美轮美奂。翰墨书香，融入经藏智慧；典雅庄严，裹沁着玄妙法门。我们相信，大师与经藏的智慧一定能普应于世，济助众生。

东方出版社

图书在版编目（CIP）数据

四分律 / 温金玉 释译. —北京：东方出版社，2020.2
（中国佛学经典宝藏）
ISBN 978-7-5060-8627-1

Ⅰ.①四… Ⅱ.①温… Ⅲ.①律藏②《四分律》—注释③《四分律》—译文 Ⅳ.① B943.3

中国版本图书馆 CIP 数据核字（2015）第 289621 号

本书中文简体字版权由上海大觉文化传播有限公司独家授权出版
中文简体字版专有权属东方出版社

四 分 律
（SIFENLÜ）

释 译 者：温金玉
责任编辑：王梦楠
出　　版：东方出版社
发　　行：人民东方出版传媒有限公司
地　　址：北京市朝阳区西坝河北里 51 号
邮　　编：100028
印　　刷：北京大兴县新魏印刷厂
版　　次：2020 年 2 月第 1 版
印　　次：2020 年 2 月第 1 次印刷
开　　本：880 毫米 ×1230 毫米　1/32
印　　张：10.5
字　　数：178 千字
书　　号：ISBN 978-7-5060-8627-1
定　　价：65.00 元
发行电话：（010）85924663　85924644　85924641
版权所有，违者必究
如有印装质量问题，我社负责调换，请拨打电话：（010）85924602　85924603